理想大学城

张海君 ◎ 编著

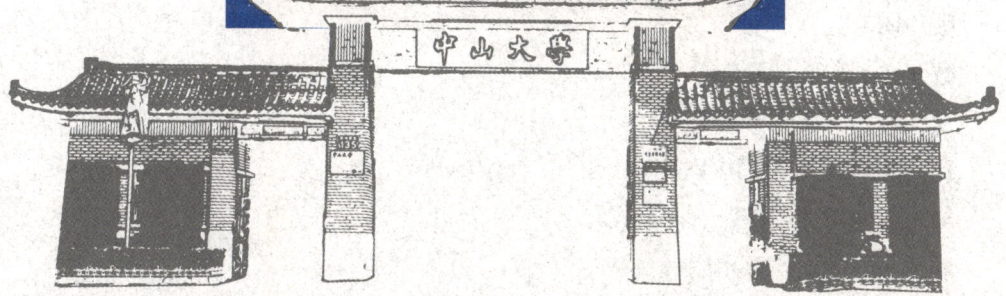

北方妇女儿童出版社
·长春·

版权所有　侵权必究　盗版必究

图书在版编目（CIP）数据

理想大学城 / 张海君编著 . -- 长春：北方妇女儿童出版社 , 2024.6
ISBN 978-7-5585-8315-5

Ⅰ．①理… Ⅱ．①张… Ⅲ．①高等学校—介绍—中国—少年读物 Ⅳ．① G649.28-49

中国国家版本馆 CIP 数据核字 (2024) 第 027550 号

理想大学城

LIXIANG DAXUE CHENG

出 版 人	师晓晖	
责任编辑	邱　岚	
装帧设计	天下书装	
开　　本	787mm×1092mm　1/16	
印　　张	18	
字　　数	380 千字	
版　　次	2024 年 6 月第 1 版	
印　　次	2024 年 6 月第 1 次印刷	
印　　刷	三河市南阳印刷有限公司	
出　　版	北方妇女儿童出版社	
发　　行	北方妇女儿童出版社	
地　　址	长春市福祉大路 5788 号	
电　　话	总编办：0431-81629600	
定　　价	98.00 元	

前言
foreword

  大学是我国高等教育和人才培养的主阵地，也是学生进行知识传承与发展的重要场所。对于莘莘学子来说，大学犹如一座屹立于高山之上的宫殿，里面不仅有各种各样的学科知识，还有驰骋人生、成就自我的重要资源。如果能走进大学这座宫殿，获取其中的知识能量，感受其中蕴含的丰富资源，那么每个人的人生都将会如同开启了加速器一般，向着他们期望的方向不断前进。

  如今，随着社会经济的飞速发展，人们对教育的关注和投入日益增加。无数学子辛勤苦读十几载，为的就是有朝一日能够进入自己心仪的大学，去那里接受更专业、更全面、更系统的高等教育，以此来实现自我的人生价值。

  基于这样的现实背景，同时为了帮助广大少年读者更好地了解我国的各所大学，我们特意编写了"理想大学城"这本书。

  本书严格围绕"了解大学、走进大学、感受大学"的主题，广泛收集资料，将我国诸所大学罗列其中，详细地为少年读者介绍了各所大学的发展历史、校志校训、学科设置、学校特色、学校名人以及学校环境等，让广大读者更全面地了解每所大学的历史渊源，以此来选择自己的心仪院校。此外，我们还创设性地用"大学城"的编写理念来进行创作，通过大学来介绍城市，让少年读者对"大学城"的概念产生更加准确和细致的了解。

  同时，为了增强本书的可读性和趣味性，我们不仅在书中编绘了丰富的高清插图，还运用了少年读者读得懂的浅显文字进行编写，极大地激发了少年读者的阅读兴趣。

  可以说，这是一本专门为少年读者精心编写的"大学"科普读物，通过阅读本书，少年读者不仅能对各所大学有更加深入的了解，还能由此确立心中的奋斗目标，以更有方向感的奋斗和努力，朝着自己心仪的大学继续前进。

  最后，希望每位读者都能真正喜欢这套诚意之作，也能在书中文字的带领下，全身心地进行一次充满趣味的大学城之旅，并在这个过程中收获更多的感动和惊喜！

张海君

目录 contents

北京

清华大学	1
北京大学	4
中国传媒大学	7
首都师范大学	10
中国人民大学	12
北京第二外国语学院	15
北京邮电大学	18
北京理工大学	21
北京航空航天大学	24
北京语言大学	27
北京建筑大学	29
北京外国语大学	32
北京体育大学	34
中国农业大学	36

上海

上海交通大学	39
复旦大学	42

同济大学	45
上海外国语大学	48
华东师范大学	51
华东政法大学	54
上海理工大学	57
上海海洋大学	60

天津

天津大学	63
天津工业大学	66
天津科技大学	69
南开大学	72
中国民航大学	75
天津中医药大学	78

重庆

重庆大学	81
西南政法大学	84
西南大学	87
四川美术学院	90
重庆交通大学	93
重庆邮电大学	96

广州

中山大学	99
华南农业大学	102

南方医科大学 104
华南理工大学 106
华南师范大学 109
暨南大学 112

成都

四川大学 115
四川师范大学 118
电子科技大学 120
成都理工大学 122
西南财经大学 125
西南交通大学 128

深圳

深圳大学 131
南方科技大学 134

厦门

厦门大学 137
集美大学 140

武汉

武汉大学 143
中南财经政法大学 146
华中农业大学 149
华中师范大学 152

华中科技大学　　　　　　　　　　　　　　155
中国地质大学（武汉）　　　　　　　　　158

长沙

湖南大学　　　　　　　　　　　　　　　161
湖南师范大学　　　　　　　　　　　　　164
长沙理工大学　　　　　　　　　　　　　167
中南大学　　　　　　　　　　　　　　　170

西安

西安电子科技大学　　　　　　　　　　　173
西北农林科技大学　　　　　　　　　　　175
长安大学　　　　　　　　　　　　　　　177
西安美术学院　　　　　　　　　　　　　179
西北大学　　　　　　　　　　　　　　　181
陕西师范大学　　　　　　　　　　　　　183
西安建筑科技大学　　　　　　　　　　　185
西安交通大学　　　　　　　　　　　　　187

昆明

云南大学　　　　　　　　　　　　　　　190
昆明理工大学　　　　　　　　　　　　　192

合肥

中国科学技术大学　　　　　　　　　　　194

| 合肥工业大学 | 196 |

兰州
| 兰州大学 | 198 |
| 兰州交通大学 | 200 |

哈尔滨
哈尔滨工业大学	202
哈尔滨工程大学	204
哈尔滨师范大学	206

大连
辽宁师范大学	209
大连理工大学	211
大连海事大学	213
东北财经大学	215
大连外国语大学	218

杭州
浙江大学	221
浙江传媒学院	224
浙江理工大学	227
杭州电子科技大学	230

济南

山东师范大学	233
山东大学	236
济南大学	239

青岛

青岛大学	242
中国海洋大学	245

南昌

江西财经大学	248
南昌大学	251

南京

南京大学	254
南京审计大学	257
东南大学	260
南京邮电大学	263
南京航空航天大学	266
河海大学	269
中国药科大学	272
南京农业大学	275

北京

清华大学

1914年,梁启超先生应时任清华大学校长周诒春的邀请,做了一篇关于《君子》的演讲,并以"天行健,君子以自强不息;地势坤,君子以厚德载物"勉励在校师生。自此之后,"自强不息,厚德载物"成为清华大学的百年校训。

理想 大学城

作为国内最顶流的学府，坐落于北京市西北郊的清华大学一直以来都是莘莘学子憧憬与向往的地方。

清华大学是一所有理想的大学，也是学子们实现理想的地方。在这个有着法学、教育学、历史学、理学、工学、文学、经济学、哲学等12个学科、21个学院、59个院系、88个本科专业的开放式学府，每个学生都能自由追逐并实现自己的理想。

水木清华，放飞理想

"这个世界不缺完美的人，缺的是从内心发出的真心、正义、无畏、同情。"

清华大学和其他学院最大的不同就是永远都把"立德树人，服务国家"放在第一位。在这里，每个学生的开学第一课都是学会独立、自律。

学校不会勉强你去做自己不喜欢的事，导师也不会像中学时那样日日督促、耳提面命，你要为自己做好学习规划。

当然，你要是不愿意学，也没人会强迫。但前提是，你要保证自己不挂科。

清华大学从来都没有补考这一说。挂科了怎么办？没办法，你只能明年重修。

另外，考前突击、画重点、背题这"备考三件套"在清华绝对是行不通的。所以，如果不想被落下或挂科，你就要学会合理地分配和利用自己的时间，学会"图书馆抢座""高效记笔记"等十八般武艺。

作为国内甚至世界顶流的工科院校，作为"红色工程师的摇篮"，清华大学从来都不缺学霸和学神，在这里"会学习"只是最基础的技能，算不上什么优势。想要在这里脱颖而出，只学习本专业的知识是不行的。你还要综合自己的兴趣、爱好、禀赋，辅修一个或者多个专业。

在清华大学待上一段时间，你就会发现，虽然每天都很忙，但忙得充实而快乐，那种每分每秒都在进步的感觉，真的非常棒！

行胜于言，多彩实践

"追求卓越"是清华大学百年不变的传统。在这里，"不卓越"反而是一种西洋景。

清华大学一年一度的"挑战杯"竞赛，每年都会掀起一番激烈的龙争虎斗。电子设计大赛、人文知识竞赛、机械创新设计大赛、数学建模竞赛等各种各样的赛事也是风起云涌，各路高手云集。

除了赛场，"高手"们最喜欢扎堆的地方就是论坛，尤其是以"剖析时代热点"为主题的"时代论坛"和专注学术科普的"星火论坛"，几乎每天都要上演一场"华山论剑"。在论坛，你不仅能够和各行各业的大咖面对面地交流，还可以勇敢地去挑战、去论辩。

换句话说，在这里，你接触的圈层、人物、领域，完全是普通名校生可望而不可即的。

除了论坛、竞赛之外，清华大学每年还会举办各种各样的校内、校外实践活动，比如在"一带一路"上看中国、创意筑梦、认知"中国力量"等。

在这里，夸夸其谈是行不通的，清华的学生只信奉"行胜于言"。社会是个大学堂，也是个大课堂，无数老一辈的清华人会用切身经历告诉你，只有通过不断实践，你才能真正地"受教育，长才干"。

人文日新，百花齐放

曾经有人在知乎上提过这样一个问题："在清华大学，你学会了什么？"

其中一个高赞的回答是："团结。"

从入学的第一天起，不一样的"班集体"生活就会成为你此后余生难忘的追忆。聚在一起，我们是一团火；散开了，就是漫天闪烁的星辰。

互帮互助，早就成了清华人刻在骨子里的一种本能。

谁不愿意身后永远都站着"战友"呢？

在清华大学，校友即战友，同班、同年、同社团的"小伙伴"，关系更是紧密。

为此，每年社团招新的时候，清华园内都会上演一出"百团大战"的盛景。无论是老牌的科学社、美术社、文学社，还是新派的街舞社、动漫社，为了"抢人"，全都绞尽脑汁、花样百出。社团内的各种嘉年华、沙龙、实践活动和赛事，也是年年翻新、精彩纷呈。

报考和招录须知

● 清华大学的招生方式主要分为高考统招、保送、定向招录、人才培养计划四大类。其中，人才培养计划包括强基计划、自强计划、数学和物理人才培养计划等。另外，清华大学每年还会根据综合条件招录一批"双学籍"的飞行员。

● 不同省份、不同区域，招录的分数线和标准不一。高考统招时，报考考生必须达到本省招录的最低分数线。

● 港澳台地区和外国国籍考生在符合招录条件的情况下择优顺序录取。

北京

北京大学

　　1917年，北京大学迎来了新任校长——蔡元培，上任伊始，他便倡导"循思想自由原则，取兼容并包主义"的大学风气，大刀阔斧地对北京大学进行了一系列改革、整顿，极大地促进了学术繁荣，他还将陈独秀、李大钊、鲁迅、胡适等一大批当世名家学者留在了校内或任职或任教。蔡元培说："大学者，囊括大典，网罗众家之学府也……此思想自由之通则，而大学之所以为大也。"

北京大学

北京大学是中华人民共和国教育部直属的全国重点大学，位于北京市海淀区颐和园路零五号院。北京大学是一座承载着历史的印痕与记忆的高等学府，作为新文化运动的中心和五四运动的策源地，它既为创建中国共产党提供了最适合的土壤，也是最早在中国传播马克思主义和科学、民主思想的重要基地。长久以来，北京大学在振兴与解放民族、建设与发展国家，以及推动社会的文明和进步方面都发挥出了不可磨灭的作用。

学霸是怎样炼成的？

北京大学是中国一流的学府，其总面积达339公顷（3.39平方千米），走在北京大学的校园里，你会获得与在清华大学校园里相差无几的感受。在北大校园，你耳边常常会响起这样一句话：同学，麻烦你下车推行！

北京大学作为由京师大学堂一路演变而来的高等学府，置身其中，你会感受到浓浓的古朴气息，那份"书卷气"是独一无二的。

作为新生的你，入学报名第一天，身边就会出现热情的学长、学姐，他们会把你拉去食堂，与你边吃边聊：同学，你的分数是多少？提起我高考那年，英语作文真是……

开学第一天，你几乎就是在十几名学霸的"吐槽"中度过的，他们会告诉你，他们当初是哪里有失误，导致比某某落后了几分。

这时，你会产生一种错觉：这是北大校园吗？这里是大学吗？为什么让人有一种回到高中时代的感觉？这就是名副其实的北京大学，这里充满着浓浓的学习氛围。在北京大学，宿舍楼一直开门到天亮。而且宿舍楼设施完善，配备齐全。

在北京大学，你会发现太多比你勤奋、比你聪明的人，倘若你面对如此压力还不奋起直追，最终只会越来越落后。不过，努力之后你也会收获满满，起码在北京大学的确会劳有所得。

在北京大学，讲座也是一抹亮丽且别样的美景。除了一些必然的外部推力，很多学生之所以选择北京大学，正是因为迷上了北京大学的氛围。

完全人格，首在体育

在北京大学，所有群众性体育活动组织与管理工作都由体育教研部负责，校内开展的所有活动都会围绕学生"自我教育、全面发展"的主题展开。北京大学的运动会常规赛事有一年一次的秋季运动会、春季运动会和冬季越野跑。运动会涉及很多运动项目，参加的人数也非常多，特别是冬季越野跑比赛，它已然成为校园马拉松比赛的重要一环。

在北大校园里，每年组织的大型体育

活动都会带来巨大的影响力和广泛的传播效应。

作为全面贯彻落实党的二十大精神的开局之年——2023年是北京大学建校125周年。为了庆祝北京大学125周年华诞，继承"完全人格，首在体育"的理念并不断将其发扬光大，继续鼓舞新一代北大青年弘扬五四精神、厚植爱国情怀，广大有志青年将自己的爱国、爱校之情完全融入奔跑的姿态之中，以无限拼搏的精神砥砺报国之志，挥洒着青春的汗水，谱写出一曲曲新时代新征程的奋斗篇章。

认清自己，学会独立

有这样一个问题："你觉得北京大学有哪些特点？"

有人给出了这样的答复："学生想做的任何事都可以得到北大的支持。他们既能做博士研究，也不觉得摆摊卖猪肉有什么不妥。"在北京大学，每个学生都能够认清自我，并遵从自己的选择找到自己的目标，这也是北京大学给予学生的最终极的关怀。

在北京大学的莘莘学子心中，职业没有高低贵贱之分。每一名北大学子发现自我的过程都浓缩在了他们艰难坎坷的经历中。北京大学的学生勤勉刻苦，在每个方面都体现出了这种难得的品质。

一名北京大学的学生曾说："有一次上VHDL语言，老师在课堂上直接给出一个题目，要求'编写一个主频30M的CPU'，这可难倒了很多学生，因为这个知识点只是在课堂上被提到过。所以，这样来看，要想了解其他大学电子系这门课，上一整个学期或许就可以了，但在北京大学做不到的话，只能挂科。"

此外，北京大学的老师更重视教导学生在不懂的时候学习，而非如何做某件事。因此，如果学生在学习上落后了，他们绝不会怨天尤人。学会独立，这就是北京大学教给学生的重要一课。

报考和招录须知

● 北京大学根据教育部有关规定和本校的招生简章来执行保送生、自主招生、非通用语种、特长生、国防生（含飞行国防生）、定向生和"国家扶贫定向招生专项计划"等招生事宜。大学外语类专业只有英语语种考生可以报考。

● 北京大学的录取体制采用的是教育部规定的"学校负责，省级招办监督"的方式，在教育部领导下，由各省（自治区、直辖市）招生委员会统一组织录取。

北京大学是中华人民共和国教育部直属的全国重点大学，位于北京市海淀区颐和园路零五号院。北京大学是一座承载着历史的印痕与记忆的高等学府，作为新文化运动的中心和五四运动的策源地，它既为创建中国共产党提供了最适合的土壤，也是最早在中国传播马克思主义和科学、民主思想的重要基地。长久以来，北京大学在振兴与解放民族、建设与发展国家，以及推动社会的文明和进步方面都发挥出了不可磨灭的作用。

学霸是怎样炼成的？

北京大学是中国一流的学府，其总面积达339公顷（3.39平方千米），走在北京大学的校园里，你会获得与在清华大学校园里相差无几的感受。在北大校园，你耳边常常会响起这样一句话：同学，麻烦你下车推行！

北京大学作为由京师大学堂一路演变而来的高等学府，置身其中，你会感受到浓浓的古朴气息，那份"书卷气"是独一无二的。

作为新生的你，入学报名第一天，身边就会出现热情的学长、学姐，他们会把你拉去食堂，与你边吃边聊：同学，你的分数是多少？提起我高考那年，英语作文真是……

开学第一天，你几乎就是在十几名学霸的"吐槽"中度过的，他们会告诉你，他们当初是哪里有失误，导致比某某落后了几分。

这时，你会产生一种错觉：这是北大校园吗？这里是大学吗？为什么让人有一种回到高中时代的感觉？这就是名副其实的北京大学，这里充满着浓浓的学习氛围。在北京大学，宿舍楼一直开门到天亮。而且宿舍楼设施完善，配备齐全。

在北京大学，你会发现太多比你勤奋、比你聪明的人，倘若你面对如此压力还不奋起直追，最终只会越来越落后。不过，努力之后你也会收获满满，起码在北京大学的确会劳有所得。

在北京大学，讲座也是一抹亮丽且别样的美景。除了一些必然的外部推力，很多学生之所以选择北京大学，正是因为迷上了北京大学的氛围。

完全人格，首在体育

在北京大学，所有群众性体育活动组织与管理工作都由体育教研部负责，校内开展的所有活动都会围绕学生"自我教育、全面发展"的主题展开。北京大学的运动会常规赛事有一年一次的秋季运动会、春季运动会和冬季越野跑。运动会涉及很多运动项目，参加的人数也非常多，特别是冬季越野跑比赛，它已然成为校园马拉松比赛的重要一环。

在北大校园里，每年组织的大型体育

活动都会带来巨大的影响力和广泛的传播效应。

作为全面贯彻落实党的二十大精神的开局之年——2023年是北京大学建校125周年。为了庆祝北京大学125周年华诞，继承"完全人格，首在体育"的理念并不断将其发扬光大，继续鼓舞新一代北大青年弘扬五四精神、厚植爱国情怀，广大有志青年将自己的爱国、爱校之情完全融入奔跑的姿态之中，以无限拼搏的精神砥砺报国之志，挥洒着青春的汗水，谱写出一曲曲新时代新征程的奋斗篇章。

认清自己，学会独立

有这样一个问题："你觉得北京大学有哪些特点？"

有人给出了这样的答复："学生想做的任何事都可以得到北大的支持。他们既能做博士研究，也不觉得摆摊卖猪肉有什么不妥。"在北京大学，每个学生都能够认清自我，并遵从自己的选择找到自己的目标，这也是北京大学给予学生的最终极的关怀。

在北京大学的莘莘学子心中，职业没有高低贵贱之分。每一名北大学子发现自我的过程都浓缩在了他们艰难坎坷的经历中。北京大学的学生勤勉刻苦，在每个方面都体现出了这种难得的品质。

一名北京大学的学生曾说："有一次上VHDL语言，老师在课堂上直接给出一个题目，要求'编写一个主频30M的CPU'，这可难倒了很多学生，因为这个知识点只是在课堂上被提到过。所以，这样来看，要想了解其他大学电子系这门课，上一整个学期或许就可以了，但在北京大学做不到的话，只能挂科。"

此外，北京大学的老师更重视教导学生在不懂的时候学习，而非如何做某件事。因此，如果学生在学习上落后了，他们绝不会怨天尤人。学会独立，这就是北京大学教给学生的重要一课。

报考和招录须知

● 北京大学根据教育部有关规定和本校的招生简章来执行保送生、自主招生、非通用语种、特长生、国防生（含飞行国防生）、定向生和"国家扶贫定向招生专项计划"等招生事宜。大学外语类专业只有英语语种考生可以报考。

● 北京大学的录取体制采用的是教育部规定的"学校负责，省级招办监督"的方式，在教育部领导下，由各省（自治区、直辖市）招生委员会统一组织录取。

北京

中国传媒大学

人这一辈子,必须知道自己到底有多优秀!不去做,你怎么会知道?一个人原本是块璞玉,竟然被自己埋没。人生之憾事,莫过如此。

——廖祥忠校长在中国传媒大学2019级新生开学典礼上的讲话

理想大学城

中国传媒大学的历史沉淀而厚重，是众多怀揣传媒梦想的学子最期待进入的学府。这不仅仅因为它声名远播，也因为它日趋成熟的教育体系以及浓郁的学习氛围，这也为学子们毕业后的工作打下了坚实的基础。

学校坐落于优雅的北京古井河畔，四通八达，地势优越，风景如画，这样一处别具一格的净土，交通也十分便利，学子们想要去市中心、去购物都十分快捷方便。校园环境清新静谧，绿草茵茵，置身其中，令人心旷神怡。夏日里邀上一两个好友，坐在假山旁的凉亭，听着潺潺细流，畅读或是闲聊都十分惬意。

传媒人的摇篮

学校有着传媒人独有的素质和使命。这些东西是印刻在传媒人心中的，办学70年来始终如一。从这里走出去的人才遍布国家的各个重要媒体机构，其中不乏驰骋国际的顶尖人才，为党和国家作出了重要的贡献。因此，中国传媒大学获得了"信息传播领域知名学府"和"中国广播电视及传媒人摇篮"的美誉。

作为传媒高校，中国传媒大学的信息获取能力是走在时代的前沿的。来到这里，学子能够获得颇具时效性的海量信息。

这是一所现代化高校，在教研设备和公共服务体系方面也是先进的、成熟的、完备的。尤其是图书馆馆藏体系成熟，纸质、网络、电子形式兼具，如果你是信息传播学科的，想要写论文，那么可供你查阅参考的文献更是丰富多彩、百花齐放。

这些丰富的教学科研资源以及校园的公共服务体系，让中国传媒大学的学子倍感方便、贴心、暖心，就像母亲手中的摇篮，让学子们实现美丽的梦想。

辛勤浇灌只为静等花开

教育始终在进步，教育理念从未停止过更新的脚步。与时俱进也是传媒人一直坚持的态度。学校党委励精图治，以系统化思维改革创新，运用全新理念进行战略性综合布局。严抓管理质量、教育质量和工程质量，将中国传媒大学"忠诚、自信、包容、竞先"的文化基因发扬光大，不断攀登一座又一座高峰。

学校的教学科研单位众多，各个学院欣欣向荣、争先恐后。节假日里的校园各处门庭若市，图书馆里的学子熙熙攘攘。学子们互相鼓励、交流、竞争，在求学的道路上志同道合，从不孤寂。

传媒学院最大的特色是在2号楼下，每天都有播音学院的小哥哥、小姐姐对着墙壁或者湖面练习发声。学弟学妹无不受欧阳夏丹撑伞练声的故事所鼓舞。

传媒学院的刊物众多在全国高校中也是首屈一指的，《现代传播》和《中国新闻传播研究》是必备的，但凡广受学子们欢迎的一些刊物，无论是国内还是国外都是一应俱全。想看什么刊物，只管搜寻，没有你找不到的，只有你不想找的。

尽管中国传媒大学已经跻身国家名校前列，在传媒类高校中首屈一指，但绝不会故步自封。为了不断进步和进行学术交流，学校还成立了颇具国际影响力的"传媒高等教育国际联盟"，并和国外众多知名大学进行交流合作，建立了国际传媒界、高教界交流的重要平台。传媒人一直在为不断发展和进步做着不懈的努力，这样一所意气勃发、蒸蒸日上的高校不正是学子们的梦中情校吗？

报考和招录须知

● 中国传媒大学招生录取工作采取"学校负责，招办监督"的措施，由各省级单位招生委员会统一组织。

● 学校在提档时，录取时以考生实际高考成绩为准。所有高考加分项目及分值只有在实考分相同的情况下时，才作为优先录取的标准。

● 报考中国传媒大学的专业一般不限制外语语种，外语类专业和国际新闻与传播专业除外，其对考生应试外语语种具有特殊要求，考生需参加所在省级招生考试机构组织的外语口试且成绩合格。这里要强调的是，中国传媒大学公共开设的外语语种只有英语。

北京

首都师范大学

"啊,首都师大,你是学子的母亲。首都师大,你是智慧的海洋。为学为师,求实求新,如同破浪的双桨……"当悠扬的校歌声伴着暖煦的阳光在夏晨广场上响起时,首师大的学子们已经面带笑容地奔赴间间教室、座座学堂。

首都师范大学

创建于1954年（办学历史可追溯到1905年）的首都师范大学（简称首师大）是国内"双一流"名校，师范界的"扛把子"之一，连续多年名列国内师范类院校榜单前十，是名副其实的"教师摇篮"。

在这座拥有文学院、学前教育学院、管理学院、数学科学学院等29个院系、2个教研部、59个本科专业的综合类开放式学府，所有学生都能乘风破浪，拥有属于自己的光芒和荣耀。

为学为师，尽展风采

"我们要立德修身，知行合一，做崇高理想的信仰者。"首师大在2021年本科开学典礼上，校长孟繁华曾深情寄语。

事实上，自从入学的那一天起，首师大的学子们就自动加载了"立德修身，为学为师"的信仰模板，并始终践行如一。

每年清风怡荡的时候，一年一度的首师大"教师风采大赛"就会在万众期待中拉开序幕。

获胜者固然欢天喜地，即使没有得到名次，也能通过实践取长补短，一步步领略教学的乐趣，可谓两全其美。

低调绽放，默默发展

作为"北京市中小学教师生产基地"，首师大每年都要为北京市输送一大批优秀的教学人才。

不仅如此，首师大还和50多个国家的286所大学建立了合作关系，在俄罗斯圣彼得堡、德国不来梅、意大利威尼斯、秘鲁皮乌拉等地建立了多所独立的"孔子学院"。虽然不显山，不露水，却实力雄厚，颇有"隐士高人"风范。

温柔相伴，亦校亦家

"落红不是无情物，化作春泥更护花。"对于首师大的学子来说，首师大不仅是求学之地，也是学子们的第二个家，处处都充满了人情味。

报考和招录须知

● 首都师范大学在统招录取时不设置专业级差，综合对比高考实际分数、专业志愿、政策性加分、相关科目（语文、数学、外语）单科成绩，择优录取。

● 首都师范大学历届的提档分数比当年的一本线高出10分左右。

北京

中国人民大学

2022年4月25日,习近平总书记莅临中国人民大学,并发表了重要讲话,坦言"党办的大学让党放心,人民的大学不负人民",希望人大全体师生能够再接再厉、"扎根中国大地、传承红色基因",走出一条"建设中国特色、世界一流大学的新路"。

九月的北京，空气中还微微泛着几分暑意，声声叫着夏天的知了不知什么时候已经躲进了秋日的彩云里，位于中关村大街59号的中国人民大学（简称人大）又迎来了一年一度的开学季。此时此刻，这些来自五湖四海、眸中闪着星光、心中揣着梦想的大孩子并不知道，未来四年的生活将是何等得美好与璀璨。

三"人"行，有我师，必成众

大概再也没有哪所大学比人大更懂"人"这个字。

为什么？因为人大的校徽是三个篆体、并排的"人"字，分别代表着"人民、人本、人文"。

因为人大的师生们始终坚持"以人为本"的治学思想和生活态度。因为"三人行，必有我师焉"。因为"三人必成众""人多力量大"。

都是，也都不是！

作为"中国人文社会科学高等教育领域的一面旗帜"，中国人民大学在人文社会科学建设方面一向得天独厚，马克思主义理论、法学、社会学、统计学、新闻传播学、应用经济学、哲学、中国语言文学等学科排名始终位于全国前列。师资队伍更堪称豪华，其中不乏中国新闻史学开拓者方汉奇、国家清史纂修工程负责人戴逸、"人民教育家"、《刑法学》主编高铭暄这样的"国宝级"人物。

当然，最重要的是，在人大的四年，每个学生都能按照"个人"设定好的模板，活出自己最想要的样子。

你可以勤思笃学，披着晨光去自习室占座、废寝忘食于学海书山；也可以"不务正业"，去其他院系旁听、蹭课、"打酱油"；你可以偏科偏到天际，追求某个领域的极致；也可以"面面俱到"，这个也学，那个也抓；只要你不挂科、不学坏，谁也不会干涉你的个人选择。

不必担心会选错，人生本就是个试错的过程。趁着年轻，多试试，多看看，才能真正发现自己的最爱；也不必担心被排挤、不合群，"团结"一向是人大人最鲜明的特质。在这里，无论你的个性多么鲜明，无论你有多么生僻的爱好，总能找到能够指导你的老师和志同道合的同学。换句话说，在这里，你永远都不会孤单！

实事求是，做永远的"革命先锋队"

或许很多人都不知道，中国人民大学的前身是陕北公学，在创办之初，就一直秉承着"为党育人、为国育才"的宗旨，脚踏实地，实事求是，"忠诚、团结、朴实、虚心"，不好高，也不骛远。

在人大，只知道死学习的"书呆子"

理想大学城

是没有市场的,即使学懂了理论,考了高分,也称不上真正的优秀,因为人大的课堂不仅在校内,也在校外!

每年的寒假、暑假,学校都会组织学生们参与各种各样的社会实践活动:有的参与"千人百村"任务,去贫困乡村蹲点;有的参与国际、国内大型科技赛事,在比赛中发现自己的不足;还有的参与"案例中国"节目,走进深山、走进基层,真正了解基层的现状……

当然,如果你不愿意参加这些活动,也没有谁会勉强。了解世情百态的方式有很多,学以致用、深入生活的方法也有很多,你完全可以自由选择。比如,你可以为了了解"越减越肥"的真相,和同学组团去学健美操;又如,你可以为了测试自己的抗"帅"指数,特意去明德广场看帅哥;再如,你可以为了彰显自己的"十项全能",把学校所有的社团都报个遍。

一千个人心中有一千个哈姆雷特,你求的"实"和他人求的"是"注定不同,鲁莽与勇敢,先锋与后进,从没有固定的标准。

改革开放之初,人大校友胡福明用一篇《实践是检验真理的唯一标准》求到了自己的"实";改革开放之后,无数校友也用独属于自己的方式成为各个行业的"先锋"。

所以,只要你坚定自己的内心,只要你认准梦想的方向,只要你无悔无怨,在人大,你真的能一往无前!

报考和招录须知

● 除了高考统招渠道,中国人民大学还开设了强基计划、新路引航专项计划、外语类保送、内地西藏高中班、新疆协作计划等多种招录渠道。

● 高考统招过程中,有政策性加分的情况,学校只认可分数最高的一项,且政策性加分分值不得高于20分。

● 英语、西班牙语、法语、日语、俄语、德语专业,只招收高考时外语考试科目为英语的考生。

北京

北京第二外国语学院

落花微雨,盛夏蝉鸣,又一年的毕业季来临了。在北京第二外国语学院的学子们中,最大的收获是收到了外交部的 offer,成了一名光荣的预备役"外交官"。当学子们转身离开时才发现,最大的收获其实是灯光下的自习室,是带着露水的"喧嚣"清晨,是洒落过汗水的跑道,更是"纵使生活多风雨,亦无惧选择、无畏前行"的态度和勇气。

在"985工程"名校、"211工程"大咖扎堆的北京城，第二外国语学院（简称二外）委实是有些"平平无奇"。

虽然二外是周恩来总理亲自提议创办的，但建校近60年，依旧只是"区区"的一本重点，籍籍无名。

虽然是全国唯四的国际大学翻译学院联合会员之一，却从没有给自己做过哪怕一次宣传。

虽然与世界40多个地区、180多所高等院校建立了深入、广泛、多层次的合作关系，却仍孜孜以求，把自己当成了"一无所成"的"高校老萌新"。

在"高校江湖"中，二外没有太多的传说，但真正走近它、了解它，你才会发现，它真的很不一样！

勤学竞先，"世界"在线

想象中的二外生活是什么样的？

睡觉睡到自然醒，打游戏打到手抽筋，追剧追到天荒地老，彻底躺平，做一条"幸福的咸鱼"。

真正的二外生活是什么样的？

学学学！背背背！说说说！听力练起来！口语练起来！读写练起来！翻译练起来！

伴着熹微的晨光走进教学楼，你总能看到走廊上一个又一个勤学的身影：有的背单词，有的朗读课文，有的和同学一起练习外语会话，有的看原声电影练传译……随意溜达一圈，就仿佛一下子邂逅了全世界。英语、法语、俄语、日语、德语、阿拉伯语、西班牙语、葡萄牙语、朝鲜语、意大利语，浓厚的学习氛围、"喧闹"的人群置身其间，就仿佛置身在现实版的"世界在线"游戏，即便听不懂，也会忍不住赞一声"真酷、真厉害"。

二外没有懒虫，也不养咸鱼，哪怕是"内心苦哈哈"，哪怕真的没有"上进心"，也会被迫做"学霸"，尤其是外语类专业的学生，"听、说、读、写、译"五项基本功每项都要精，每项都要硬，你自己不抓，学校也会帮你抓！

即便不是外语类专业的学生，外语功底也得过关，二外"注重实训""强化实践"的传统真不是说着玩的。

转角遇见……

如果每一座校园都有独属于自己的气质，那么，二外一定是小巧玲珑的。

因为小，所以更温情；因为小，所以更朴实；因为小，所以总能在转角的瞬间遇见不一样的惊喜；午后暖煦的阳光里，一杯醇香的咖啡，一片打着旋的落叶，一朵倔强绽放的野花；初晨的林荫路上，三五个言笑晏晏的同学，一两个来去匆匆的学长；碧草如茵的草坪上，席地而坐的金发美女，奔跑嬉笑的阿根廷小伙；迎新晚会上，穿着汉服、弹着古筝的外国小姐姐；大礼堂里，受邀来开办讲座的各路专家、学者、名人、大咖；"一带一路"峰会、冬奥会、博鳌论坛、北京国际电影节、中非合作论坛活动现场，一个又一个穿着志愿者制服、青春洋溢的学弟学妹、学姐学长……

二外很大，二外也很小，它不是全世界，却能为每一个二外学子打开一个新世界。快点儿来二外吧，还等什么，犹豫什么呢？

报考和招录须知

● 学校所有专业录取时都会参考考生的外语单科成绩，单科成绩不合格者不予录取。部分专业外语单科限定为英语。

● 学校招录形式包括高考统招、提前批 A 段、提前批 B 段外培、提前批 B 段双培、提前批 B 段农村专项计划等多种形式。

● 定向在西藏、新疆招生的"内西班""内新班"招录分数较低，历年提档分数都在 450~500 分左右。

北京

北京邮电大学

无形的电波,数十年如一日地诉说着一切说尽和说不尽的情谊;振翅的鸿雁,千万里化山河,托载着所有看到与看不到的期待。或许,北京邮电大学并不是你理想中的那座学府,却一定是最让你惊艳、震撼、青春难忘的地方。

北京邮电大学（简称北邮）原名北京邮电学院，是新中国第一所邮电高等学府。别看名字挺"土"，却是名副其实的"211"名校，妥妥的"双一流"，IT界三大顶尖高校之一，家喻户晓的"信息黄埔"，实力杠杠的！

传邮万里，与时俱进

传邮万里，国脉所系！

从1955年建校至今，一代又一代的北邮人都把"传邮万里"当作毕生的责任、追求与梦想。

从绿色邮筒中的挂号信，到嘀嗒声中的电报，到"千里传音"的电话，再到把世界变成地球村的互联网，中国信息通信领域迈出的每一步，都饱含着北邮人的汗水、努力、贡献与付出。

走进北邮，就等于走进了中国信息通信的最前沿，2G、3G、4G、5G、6G，信息领域的每一次革新，都少不了北邮人的身影。北邮的"信息与通信工程"专业，多年来蝉联全国第一；计算机科学与技术、电子商务、信息安全、电子科学与技术、网络工程等专业也一直位居全国甚至全球前列。

毫不夸张地说，走进北邮，就等于连接了时代的脉搏，永远都能与时俱进。

厚德博学，追求卓越

不想当将军的士兵不是好士兵，不追求卓越的人在北邮也注定不合群。

当身边的人都在泡图书馆、占自习室座位、为了考研考博奋斗，谁还好意思独自摆烂？

当身边的人都把精力投入知识竞赛、创新大赛、国际国内重大学术交流活动中，谁好意思再躺平？

北邮，自从有你，就让学子们变得格外与众不同！

牛顿被苹果砸中，想到的是万有引力；北邮人被树上的柿子突袭，第一反应是计算信道的传输率。

在自习室奋斗到天明向来是北邮人的日常；改代码、剪视频、绞尽脑汁提高软件、硬件的利用率，一直都是北邮人的课后娱乐；"黑客大战"似乎有些夸张，但一周一次"网络攻防战"在北邮却是司空见惯。

置身这样的氛围与环境中，你有什么理由不优秀、不努力？

娇宠升级，智能"邮"你

有人问：毕业了，你有什么想对母校说的？

有人答：邮妈妈，请继续宠爱我！

在学术方面，北邮是个严厉的大家长，每一个北邮学子，或多或少都享受过妈妈"爱的铁拳"：课程多得让人眼晕、上机实操稍差点儿立即被点名……

不过，严厉是真严厉，宠爱也是真宠爱，日常生活中，"邮妈妈"对"邮子们"的关怀简直不要太细致：入学报到，一脸通行，只要刷刷脸，就能轻轻松松完成所有的报到流程；日常学习，不仅有导师耳提面命，师兄师姐们也很乐于助人，连微信群的群名都是"今天改代码了吗？"无论做什么，你都无须为昂贵的网费和令人着急的网速担心，很早之前，北邮就实现了校园网无线上网全覆盖……在北邮，没有最智能，只有更智能；没有最体贴，只有更体贴！

如此优秀的它，还不足以令你心动吗？传邮万里家国在，海内同声"邮子"存，九月金秋，北邮等你！

报考和招录须知

●学校的理科试验班（信息科学）、数字媒体艺术专业暂不招收色盲的考生。

●电信工程及管理、电子信息工程、物联网工程、数字媒体技术、信息与计算科学、智能科学与技术6个专业属于中外合作办学，部分课程采用纯英语方式授课，外语类别不是英语、英语成绩不太理想的考生需谨慎报考。

북京

北京理工大学

特立潮头,看风云激荡;德以明理,待未来开创。九月,秋叶微黄的时候,走近北京理工大学,你会惊讶地发现,这里与传统的理工科院校完全不一样!

北京理工大学（简称北理）原名北京工业学院，是新中国首所国防工业院校，亦是赫赫有名的"国防七子"之一，不仅有"985""211"双重光环加持，而且早在很多年前就已经跻身"世界一流"，成为无数理工科学子梦想中的"圣地"。

新工科，新信仰

自1940年在延安建校以来，八十余载风风雨雨，北理一直都站在国防科技与理工科技的最前沿。

以前，它是传统工科强校，无论是学习的内容还是研究的项目，都格外"高大上"，各种能够高效打击、机动突防、远程压制的高精尖武器和先进材料暂且不说，国内第一枚二级固体高空探测火箭、第一台大型天象仪才是北理真正的"技术担当"。

现在，北理就更了不得了。

在已经揉进骨子里的"创新"基因的影响下，北理人已经把理工玩出了科幻的感觉。瞧瞧北理新设置的工科专业吧：人工智能、智能制造工程、数据科学与大数据技术；瞧瞧北理的学术成果吧：能在极寒环境下畅行无阻的电动车、能够攀爬滚走的全新仿人机器人、能够有效提高遥感卫星星上数据处理效率的卫星星上实时处理设备……北理工甚至还发射了属于自己的第一颗人造卫星"北理工1号"。这成就、这排场，普通的高校连想都不敢想！

学以精工，实践先行

北理工的师生，每一个都是"技术宅"。

不过，搞搞小发明，弄个小创造，在实验室里自嗨可不是北理人的追求；北理的学生或许没有全才，却都是专才，在专业领域，个顶个的厉害，他们接触的领域、层次、平台，也完全超出你的想象。

在大多数人还啃着笔头为一道解不出的高数题抓狂的时候，北理人已经在火星探测、载人航天、"中国复眼"的打造、碳中和、北斗组网、新一代人工智能研发等重大科技领域留下了自己浓墨重彩的一笔。

即便是刚刚入学没多久的北理新生，除了啃书本、泡实验室、追着导师"夺命三连问"之外，也会无师自通地参加"挑战杯"、参加阿布扎比国际机器人挑战赛。在"互联网+"大学生创新创业大赛中斩获佳绩、在《自然》《科学》等国际权威杂志上留下自己的名字成了他们大学生涯的第一个"小目标"。

虽然最终完成"小目标"的人注定是少数，但在追逐目标的同时，同学们不仅打牢了专业基础，开阔了眼界思维，培养了格局气度，而且真正懂得了什么是"实事求是"，什么是"不自以为是"，而这本身就是一笔极可观、极宝贵的财富。

乐享生活，玩出新花样

如果你一直用传统的眼光看北理，那么，北理的一切肯定会颠覆你的想象。

这里没有刻板的"理工男"，只有高情商的"学神"；这里处处充满了欢声笑语，永远不会沉闷无趣；这里没有不在线的审美，只有随处可见的风景；这里不是"书呆子"的摇篮，相反，这里朝气蓬勃、明媚飞扬。

会聚各路精英、大咖的"百家大讲堂"，总能给你带来不一样的惊喜；太阳剧社里，常常有悠扬的戏曲声回荡；黑白漫画社里，自诩为"赛亚人"的"外星物种"和最爱"伟大航路"的"海贼们"时不时地就会PK一场；风信子旅行社是所有"说走就走"、想要偷偷用脚步丈量世界的"穷游达人"的根据地；"幸福家园"和谐宿舍创意大赛每次举办都是"几家欢喜几家愁"；摄影、配音、交际舞体验课的热度和"生涯体验嘉年华"不分伯仲；偶尔多愁善感的小哥哥最喜欢去参加"落日派对"；"求是杯"校园篮球赛风云激荡、战况正酣，遗憾的是，无论篮球社怎么努力，在已经十三次蝉联大学生足球联赛冠军的足球队面前都天生底气不足……

当然，北理最令人向往、最能抓住人心的还是食堂。

人家的食堂都是按"个"数，北理的食堂按"街"算，食堂一条街上，三步一小馆，五步一食堂，天南海北无数的特色美食在此汇聚，无论你来自哪里，只要不是外星，都能在这里品尝到"家乡的味道"——兰州拉面、北京烤鸭、西湖醋鱼、长沙臭豆腐、四川火锅、陕北肉夹馍……只有你想不到的，没有你吃不到的。

怎么样，心动了吗？心动了就赶紧来吧！初心如磐，理工筑梦，北理欢迎你！

报考和招录须知

- 浙江、山东两省考生，符合相关招录条件的，可以直接投档到招生专业。
- 学校所有艺术类专业都只招收外语语种为英语的考生。
- 除高考统招外，北理还开放高水平艺术团体招录、高水平运动团体招录、强基计划、筑梦计划、保送等多种招录渠道。

北京

北京航空航天大学

如果你曾无限向往浩瀚的星空,如果你无数次憧憬过混沌的宇宙,如果你至今仍念念不忘儿时的飞天梦,那就来北京航空航天大学吧!或许,这里没有你想象中那么浪漫与唯美,却能把你的梦想塑造成最好的模样。

长空逐梦七十载，空天报国真豪情。

第一次走进坐落在北京市海淀区学院路 37 号的北京航空航天大学（简称北航），看着那享有亚洲最大单体教学楼盛誉的"新主楼"，许多人在震撼惊叹的同时，心中也不免会生出几分意外。震撼于它的雄阔壮观，也意外于它的沉凝朴素。

航空航天，听上去多么高大上，事实上也确实高大上。所以，在不少人心中，北航应该是神秘的、华美的、浪漫的，就像那深杳的宇宙、无垠的夜空。这座建校 71 载，拥有工、理、法、管、文等 11 个学科门类、82 个本科专业、15 个硕士专业、23 个博士后科研流动站，既是 985，也是 211 的"双一流"高校比所有人想象中都要低调、朴实，一点儿都不花里胡哨。

朴素 or 神豪？

艰苦朴素、严谨务实一直以来都是北航和北航人最亮眼的特质。

比起表面的光鲜，北航人更注重内在的实用。全新的主楼建成了，就叫"新主楼"，宿舍、食堂、教学楼更是连"正经"的名字都没有，全都按数字编号来排序，1 号楼、2 号楼、3 号楼、1 食堂、2 食堂、3 食堂，诸如此类，简单又好记。

随意在北航溜达一圈，你会发现，简单和朴素几乎充盈了整个校园。这里的建筑，无论是实验室、教学楼、博物馆，还是超市、医务室、礼堂、体育场，都大方而简单，没有繁复的装饰，没有艳丽的色彩，也没有任何华而不实的点缀，所谓返璞归真，不外如是。

然而，简单、朴素并不代表北航就"穷"，事实上，作为新中国第一所航空航天高等学府，北航骨子里的"豪奢"你根本就想象不到。

别的学校上课用模型、教具，北航上课用的全是真家伙——全世界只有两架的"黑寡妇战机"、鹞式垂直起降战斗机、导弹、P-47"雷电"、各种型号的"古老"发动机……每一样都价值连城，每一件都让人目眩神迷。

另外，不差钱的北航还悄无声息地在校内建起了音乐厅、艺术馆、咏曼剧场等多所"高大上"的场馆，让学子们学习之余，也可以纵享生命中最蓬勃、最幸福的时光。

多元并举，缤纷日常

如果你因为"航空航天大学"这个名字，就武断地把北航划入传统工科院校的行列，那就大错特错了。

事实上，除了航空航天，北航的人工智能、软件工程、通信工程等专业也出类拔萃；除了通宵达旦地苦学、钻研，北航的"学术狂人"们也从来都不缺乏把日常生活玩出花的能力：没事的时候去剧场看看话剧、去音乐厅享受一把"小提琴"时光、去艺文空间接受古文化的熏陶；去校史馆寻找"谈资"、重温昔日的荣耀；或者去艺术节上卖卖艺、cosplay一把"魔君""高达""小魔仙""变形金刚"，不得不说，都还蛮有趣的，不是吗？

或许北航不是造梦机，没办法让所有人都梦想成真，但这里绝对能无限拉近你和飞天梦之间的距离。如此，邂逅北航，你还有什么好犹豫的呢？

在北航，你不仅能接触到最前沿的科技、最专业的学业指导、还能得到许多人梦寐以求的深造机会，出国留学，和世界上同行业、同领域的顶尖大拿面对面交流，在北航，从来都不是梦。

报考和招录须知

- 学校部分专业对考生的身体健康状况有严格要求，不符合条件的考生，需谨慎报考。
- 学校飞行技术专业只限外语语种为英语的考生报考。
- 江苏省考生报考时，单科测试成绩必须符合招录要求：理科物理等级不低于A，化学/生物成绩不低于B；文科历史成绩不低于A，地理/政治/其他选测科目成绩不低于B。

北京

北京语言大学

　　1962年,为了打破外交领域的困局,在周恩来总理的亲自关怀下,中国第一所外国留学生高等预备学校——北京语言学院在北京成立。1996年6月,更名为"北京语言文化大学";2002年,校名简化为"北京语言大学"。经过六十余载,北京语言大学彻底把自己活成了无数人向往的模样。

理想 大学城

北京语言大学（简称北语）不是"985"，不是"211"，没有"百大名校"的buff加持，也没有"双一流"的光环护体，却是新中国唯一一座以"语言"来命名的国际型大学，汉语国际教育专业多年来蝉联国内第一，素来有"小联合国"的盛誉，即便是在天骄云集的五道口大学圈，也是鼎鼎有名的实力派。

"偏科"的你最可爱

有人的地方就有江湖，有江湖的地方就有纷争，在"群雄逐鹿、百花齐放"的名校圈，北语大概是特立独行的一个。

无它，偏科偏得太厉害了！

北语有"语言智能与技术实验班""联合国及国际组织人才培养实验班"等多个顶尖的人才培养基地；一支国内"分工最专、规模最大、实力最强"的国际中文教师队伍，16个省部级以上规格的研究院。

北语的论坛上，曾经流传过这样一段顺口溜："挖掘机技术哪家强，中国山东找蓝翔。国际中文学哪家强，北京北语响当当。"

在北语学习，偏科也偏得超可爱！

有趣，有味

北语人的日常充满了各种各样的脑洞和奇思妙想。奇趣圣诞节、"爆笑"南瓜派对、撒哈拉音乐舞会等，不一而足。最好玩的还是一年一度的世界文化节。每年此时，梧桐大道上都笑声朗朗，田径场更是瞬间化身欢乐的海洋。悠扬的马头琴、重金属的爵士乐、热辣的桑巴舞、奇诡的非洲木雕、别具一格的面部彩绘，还有让人咬掉舌头也要吃的各色美食，又有趣，又有味。

报考和招录须知

● 学校开放本科、研究生、留学生、继续教育、网络教育等多种招生渠道。

● 外语类专业每年学费6000元，汉语言文学、新闻学、国际政治、金融学等非语言类专业每年学费为5000~5500元，艺术类专业学费为8000~10000元。

● 学校在内蒙古自治区实行"招生计划1∶1范围内按专业志愿排队录取"的录取规则。

北京

北京建筑大学

严格来说,北京建筑大学并不是传统意义上的名校,没有煊赫的背景,也没有多得让人羡慕嫉妒恨的资源,但邂逅它、走进它、融入它却是一件每每想来都让人倍感幸福的事情!为什么呢?大概是因为它的执着,又或许是因为它对建筑始终如一的钟情与热爱。

理想大学城

国内专注建筑、以建筑为主打特色的高等院校有不少,能够和北建大比肩的却并不多。虽然北京建筑大学(简称北建大)不是"双一流",但在建筑领域的声望却一点儿都不比以清华大学、同济大学、重庆大学、天津大学为代表的"建筑老八校"弱。

作为北京第一所也是唯一一所建筑类高等学府,北建大是名副其实的老前辈、老大哥,影响力举足轻重。回首细看,从1907年建校至今,风风雨雨一百多年,北建大参与设计、建筑、维护的建筑和培育的专业人才数都数不清。

"建筑"服务一条龙

如果每一座大学从诞生的那一刻起就肩负着属于自己的使命,那么,北建大的使命毫无疑问就是建筑。

为建筑而生,因建筑而荣,用青春和汗水谱写一个又一个"建筑故事",力图实现"建筑"一条龙服务。

建筑学专业的同学负责考察规划、设计建筑图纸;土木工程专业的同学负责统筹和协调建筑的建造;给水排水工程、自动化、测绘工程、建筑环境、设备工程等专业的同学则负责后勤和辅助,查漏补缺。各专业配合默契,相得益彰,简直不要太和谐。

另外,必须说明的一点是,虽然北建大的所有专业都是以"城市建设"为核心开设的,但这并不代表北建大的人只会建房子。事实上,北建大的"业务"范围一向十分广泛,无论是城乡规划与建筑设计、精细重构和精密测绘、智能建造与智慧城市领域,还是建筑遗产保护、海绵城市建设、绿色建筑与节能技术领域,都不乏北建大师生忙碌、活跃的身影。

不信你看,那群来自北建大的"古建医生",不是正在给首都的古建筑"看诊"吗?且不说纷至沓来的古街、古城、古楼、古寺,就连身为古建"七大奇迹"之一的长城也忍不住求了一份"养生"秘诀!

深入实践,知行合一

在建筑行业,"纸上谈兵"永远都是行不通的,想成为一位出色的建筑师,"知行合一"是必须掌握的基本功。

如果无法把知识转化成工具、运用到实践中,即便你理论无敌,在导师们眼中依旧是个不折不扣的"差生"。

建筑学院、土木学院的课程,有一多半不是在教室里上的。跟着教授、导师去各地游学、交流、实地考察、开设计会、磨图纸、修方案,在被批与等待被批之间来回循环,才是北建大学子的学习日常。

尤其是"大师班"的学生,几乎每天

都在教授的耳提面命和无休止的设计与考察中度过，日子过得那叫一个"水深火热"。

正如俗话所说"教授虐我千百遍，我待教授如初恋"，虽然日子过得苦，但学到的却是实打实的真经验、真学问。今天你吃的每一分"苦"，来日都能帮你铺就一条成功的大路。

披星戴月、奋发图强

如果你问北建大最具特色的活动是什么，十个人中会有九个人大声告诉你是"披星戴月"。

别误会，此"披星"并不是半夜走在路上，北建大的"披星"专指学习熬到深夜。

熬夜到通宵，嗷嗷等鸡叫！当你沐浴着凌晨四点的星光、头顶月亮早读的时候，"戴月"也就成了北建大人的又一特色。然而，"戴月"是你每天早读的起点，却是你身边的学姐或学长刚合眼睡觉的终点。

有什么办法呢？谁让导师们一个比一个"狠辣"，昨天刚布置的任务，今天就要交设计初稿，稍微偷个懒，拖到明天，任务栏里的初稿就变成了"五个不同概念的模型图"！

如此快节奏，不知让多少抱着侥幸心理的"咸鱼"感到深深的绝望。与此同时，也造就了无数"设计王者"。

北建大学子在建筑设计上的奇思妙想，曾多次让业内学者拍案叫绝。

当然，即便你最终败在了起跑线，没有成为王者，那些年一起熬过的夜，回馈给你的也不只是日渐稀疏的头发，还有卓越的细节把控力、开阔的设计思路、多元并举的建筑思维和一群可以共同披星戴月、并肩奋发图强、互相扶持、携手向前的"革命战友"！

所以，未来的"建筑大师"们，别踟蹰了，快来北建大，和你的梦想面对面吧！

报考和招录须知

- 山东、江苏、上海等高考改革省、自治区、直辖市的招录遵循相关规定。
- 通过大类招生进入北京建筑大学的考生，入学1~2年后会按照志愿和成绩重新进行专业分配。
- 入选"中美2＋2联合培养"计划的考生，入学前需要进行二次选拔，英语单科成绩低于110分视为不合格。

北京

北京外国语大学

1941年,为了加强与苏联的交流合作,在延安的中国人民抗日军事政治大学第三分校成立俄文队,1944年改名为延安外国语学校。历经十几年的传承演变,1954年,外国语学校经高教部呈请国务院批准,改称北京外国语学院,是国家首批"211工程"建设高校。自此以后,"兼容并蓄,博学笃行"成为北京外国语大学的校训。

北京外国语大学

作为国内"双一流"的高等学府，坐落于北京市海淀区的北京外国语大学（简称北外）一直以来都是天下学子向往的知识殿堂。

北外是一所有梦想的大学，也是学子们梦想成真的地方。在这个囊括文学、法学、经济学、管理学和工学5个学科、33个学院、121个本科专业的开放式学府，每个学生都可以通过学习让梦想照进现实。

兼容并蓄，博学笃行

"用笑容播撒温暖、用拥抱传递友谊、用心灵汇聚力量。"

北外和其他大学最大的不同大概就是永远把"以语为媒，以文载道，做中国故事的讲述者"放在第一位。

"红色基因、卓越气度、家国情怀、全球格局"可谓是兼容并蓄的北外精神的一种形象而贴切的写照。在这里，用笑容播撒温暖、用拥抱传递友谊、用心灵汇聚力量，每个北外人都是中国和世界互动故事最好的创造者、记录者、讲述者。

以语为媒，以文载道

曾经有人在知乎上提过一个这样的问题："在北外上学，是一种什么样的体验？"

其中一个高赞的回答是"庄重"。

北外校史馆位于西校区国内大厦，约1000平方米的空间中展示了北外八十余载的发展历史，北外与国家、民族同命运被细细描画，从延河之滨到"共和国外交官摇篮"，红色是北外人血脉里永不褪色的赤诚。

在北外，以步为尺，探索北外优美校园；以眼为镜，发现北外独特魅力；以心为笔，书写北外的璀璨青春。

报考和招录须知

● 北京外国语大学的招生方式主要分为高考统招、保送、定向招录、人才培养计划四大类。

● 不同省份、不同区域，招录的分数线和标准不一。高考统招时，报考考生必须达到本省招录的最低分数线。

● 港澳台地区和外国国籍考生在符合招录条件的情况下择优顺序录取。

北京

北京体育大学

1953年，以北京师范大学体育系为基础，在北京建立了中央体育学院，1956年更名为北京体育学院。历经传承演变，1993年，经国家教委批准，正式更名为北京体育大学，是国内唯一的"211"体育类院校。自此以后，"追求卓越"成为北京体育大学的校训。

北京体育大学

作为国内"双一流"的高等学府,坐落于北京市海淀区的北京体育大学(简称北体)一直以来都是广大学子向往的名校。

北体是一所有梦想的大学,也是学子们梦想成真的地方。在这个囊括教育学、法学、经济学、文学、理学、工学、医学、管理学、艺术学9个学科、25个学院、41个本科专业的开放式学府,每个学生都可以通过学习让梦想成真。

追求卓越,立德树人

"加快建设体育强国、教育强国、健康中国。"

大概,北体和其他大学最大的不同就是永远把"培育体育强国人才"放在第一位。在这里,每个学生的"开学第一课"都是学会追求卓越。

艰苦奋斗,敢为人先

曾经有人在知乎上提过一个这样的问题:"在北体上学,是一种什么样的体验?"

其中一个高赞的回答是"活力"。

北大的网球综合训练馆,号称"亚洲最大的室内健身房"。

"大白"气膜冰场,冰场里有两个主场馆,分别是冰球场和冰壶馆,每天都有很多运动员和专业生在场内训练。

北体学子在落叶中思考、行走、奔跑,建筑物在流变的光影间,展现出不一样的绚烂。

报考和招录须知

● 北京体育大学的招生方式主要分为高考统招、保送、定向招录三大类。

● 不同省份、不同区域,招录的分数线和标准不一。高考统招时,报考考生必须达到本省招录的最低分数线。

● 港澳台地区和外国国籍考生在符合招录条件的情况下择优顺序录取。

北京

中国农业大学

　　1905年，京师大学堂农科大学成立，几经改名，1949年9月，北京大学农学院、清华大学农学院和华北大学农学院合并成立北京农业大学。历经传承演变，1995年，北京农业大学和北京农业工程大学合并组建中国农业大学，是中国最早的农业高等学府之一，也是全国唯一一所农业类综合性大学。自此以后，"解民生之多艰，育天下之英才"成为中国农业大学的校训。

作为国内"双一流"的百年学府，坐落于北京市海淀区的中国农业大学（简称中国农大）一直以来都是莘莘学子心仪的知识殿堂。

中国农大是一所有志向的大学，也是学子们实现理想的地方。在这个囊括农学、工学、理学、经济学、管理学、法学、文学7个学科、18个学院、80个本科专业的开放式学府，每个学生都可以通过学习让理想成为事业。

解民生艰，育英才人

"厚植爱农情怀，练就兴农本领。"

中国农大和其他大学最大的不同大概就是永远将"把爱国的大德和兴国的大志落实到事业中"放在第一位。在这里，每个学生的开学第一课都是学会解民生之多艰，育天下之英才。

在中国农大，从打破基因编辑核心工具领域的技术空白到突破白羽肉鸡核心种源"卡脖子"技术瓶颈，从攻克种源"卡脖子"技术瓶颈到良种牛羊卵子高效利用快繁关键技术，无不展示着中国农大学子未来将以何种姿态奔跑在青春的赛道上。"立大志、明大德、成大才、担大任，努力成为堪当民族复兴重任的时代新人"是农大对学子的殷殷期盼。

"保证中华民族的吃饭问题"是中国农大作为一个高校的责任，也是每个中国农大学子的责任。

"解民生艰，育英才人"可谓是朴素坚毅的中国农大精神一种形象而贴切的写照。在这里，要用脚步丈量祖国大地，把对祖国血浓于水、与人民同呼吸共命运的情感贯穿学业全过程。

兴国大志，报国大才

"兴国大志，报国大才"是中国农大百年不变的品格。在这里，深入理解个人成长与国家发展的密切联系，为中华文明保持旺盛生命力注入不竭动力。

中国农业大学一年一度的"强农杯"创新创业大赛，每年都会掀起一番激烈的竞争。中国大学生机械工程创新创意大赛、网球比赛等各种各样的竞赛也是风起云涌，各路英豪欢聚一处。

除了比赛，中国农大学子们最喜欢扎堆的地方就是各种食堂。中国农业大学的食堂曾荣获"京城高校第一食堂"的美誉。公寓一食堂是最大的食堂，有近30个窗口，这里的饭菜品类较多，同学们的选择空间很大。中国农业大学食堂的领头兵是号称"京城高校第一食堂"的公寓二食堂。这里涵盖了适合师生聚餐的招待餐厅、自助小火锅，还有比萨屋。当然，最精彩的还是食堂本身,从北京烤鸭到铁板牛排,从烤冷面到寿司,早上的清汤挂面到宵夜的麻辣香锅,琳琅满目的美食摆在架上,不仅喂饱了农大学子的胃,还让外校朋友都投来羡慕的眼光。

志存高远,脚踏实地

曾经有人在知乎上提过一个这样的问题:"在中国农大上学,是一种什么样的体验?"

其中一个高赞的回答是"生机盎然"。

中国农大饲料博物馆是世界也是中国唯一一个饲料博物馆,既具有教学、育人、科普的实用功能,还具有丰富的文化意义,能够积极带动饲料行业发展。神农雕像位于西校区的凤鸣广场前,用来纪念神农氏为农业开了先河的伟大事迹,牢记他尝百草的勇敢精神。

中国农大之美,美在四季如画。进入中国农业大学,树木、竹林、绿篱等因地制宜,花坛、雕塑、垂直绿化等多处小景观和休闲地合理布局,128种乔木,66种灌木,171种花卉,20000余株植物,超过40%的绿化覆盖率,把这所百年学府装扮得绿意盎然,真正做到了春有花、夏有荫、秋有果、冬有绿,处处呈现浓浓绿意和无限生机。

人人都有追梦的权利,人人也是梦想的筑造者,中国农大是一个让梦想生根发芽的地方。

报考和招录须知

- 中国农业大学的招生方式主要分为高考统招、保送、定向招录、人才培养计划四大类。
- 不同省份、不同区域、招录的分数线和标准不一。高考统招时,报考考生必须达到本省招录的最低分数线。
- 港澳台地区和外国国籍考生在符合招录条件的情况下择优顺序录取。

上海

上海交通大学

　　上海交通大学是一座历史悠久、蜚声国际的高等院校，它的前身是创办于1896年的南洋公学。建校之初，学校便坚持"求实学、务实业"的办学理念，树立起培育"第一等人才"的教育目标，在20世纪二三十年代便一跃成为国内著名高等学府，有"东方MIT"的美誉。而今，历经一个多世纪的精勤进取，笃行不倦，上海交通大学已然成为一所集"综合性、研究型、国际化"于一体的一流大学。

自由的风

成为上海交通大学（简称上海交大）的一分子会有怎样的感受？自由，这是让莘莘学子体会最深刻的一点。开学新生教育保卫处的科长曾说"我们是全上海最爱管闲事的保卫处"，但这里的"管闲事"是说学生们一旦需要帮助，他们会挺身而出，但不会在学生们于校园中享受自由时无端干涉。

他们管的"闲事"更多与学生本身息息相关：手机掉厕所了、失恋了、无人机掉进思源湖了、阳台上的衣服被风刮到树上了、窗户上有马蜂窝了……这些"闲事"都在他们的管辖范围。至于在校园野营、搭帐篷、摆吊床，这些在其他校园明令禁止的事情，在上海交通大学却可以"随心所欲"。

校园东区有两片大草坪——机动大草坪和电院大草坪。在这里看星星，实在令人心旷神怡。除了草坪，房顶上还会出现只有游牧民族才有的帐篷，是不是很奇怪？一所高等院校的教学楼竟然有开放的房顶，在静谧的夜里，学生们可以在这里或引吭高歌，或体验二人世界，甚至BBQ也不在话下，而校方绝不会拿"宵禁"说事儿，所以自然也不存在查寝点名了。学生们可以自由地选择通宵自习，也可以夜不归宿。总之，"管这管那"的保卫处在学生享受自由的时候绝不会做煞风景的事情，他们只会做出很多暖心的举动。

学校大了，什么门都有

"学校大了，什么门都有"，在学校里找到最近的门很重要，仅仅徐汇老校区就有东、南、西、北4座大门，而在闵行校区更是有9座大门。如莲花南路上的"紫气东来"门，也被称为"庙门"，位于闵行校区历史文化东西轴线的东部起点，左边是古典，右边是历史，结合中国古典形式和现代结构进行"复刻"。剑川路上南大门，也被唤作"凯旋门"，体现"中学为体，西学为用"的上海交大传统，高18.96米，以纪念1896年上海交大建校。

除了"进门"，还要"对路"。上海交大的路多以上海交大大师的名字命名，走在路上，仿佛与大师同行。如"宣怀大道"以中国新式教育第一人，上海交大创校者盛宣怀的名字命名；"文治大道"则以广揽名师、首创工科的上海交大老校长唐文治的名字命名；"元培路"则以大名鼎鼎的蔡元培的名字命名；"叔同路""学森路"则分别以钱学森、李叔同两位赫赫有名的学者的名字命名……

在一条条充满故事的小路上，布满了上海交大人朝着大师的目标迈进的脚步。

年年岁岁花相似，岁岁年年楼亦同

老图书馆是进入上海交大徐汇校区后映入眼帘的第一幢建筑，更是中央绿地四周最吸引眼球的美景。1896年，自南洋公学创办以来，交通部对于这所公办学校便缺少足够的经费，更是无力投资添建图书馆。老校长唐文治在1917年向总统黎元洪和交通部提出申请，最终被批准筹建图书馆。同时，他联合著名校友以及交通、教育两部要员发表募捐启事，开创了学校广泛募资的典范。1919年10月，图书馆终于建成，占地面积2687平方米，可藏书10万余册，馆藏规模在全国范围内首屈一指。

"中院"比老图书馆更为古老，位置就在大草坪北面，虽然是个"老古董"，但如今仍在发挥教学楼和办公楼的综合作用。作为校内仅有的一座始建于18世纪并一直用到今天的建筑，中院的英国样式主义风格与英国安妮女王时期以及美国大学的早期建筑的相似之处，不仅体现了中国清末时期对西方文化知识的发展和变异，更是中西文化交流的见证。

报考和招录须知

● 上海交通大学按分数优先、遵循志愿的原则进行录取，不设分数级差。考生成绩相同时，相关科目分数高者会被优先录取。

● 若第一志愿考生生源不足时，可接收非第一志愿考生，以投档成绩作为录取标准。若符合条件的非志愿考生生源还是不足，就会启动征集志愿计划。以平行志愿投档的批次，没有完成的计划也将征集志愿。若征集志愿者仍不足，又必须完成招生计划时，则将调剂剩余计划到其他生源质量好的省份。

● 上海交通大学按教育部有关规定及上海交通大学制定的相应招生简章来招收保送生、强基计划、综合评价、高水平运动队、高水平艺术团、艺术类、国家专项、高校专项、内地西藏班、内地新疆班、少数民族预科、港澳台侨和六部委免试运动员等。

上海

复旦大学

复旦大学不是中国第一所大学,却是"中国人自主创办的第一所高等院校"。自1905年建校以来,它就始终砥砺风雨、光耀前行,不曾辜负"日月光华,旦复旦兮"的美好希冀,也没有忘却"振兴震旦,复兴中华"的初衷与使命。

高校圈"F4"——清北复交的赫赫声名大概没有几个人没听说过。

作为中国最顶流的四所大学之一，拥有80个本科专业、20个"双一流"学科、43个一级学科硕士学位授权点、5个博士专业学位授权点的复旦大学，虽然没有清华大学、北大大学那样家喻户晓，但综合实力依旧不容小觑。

无用之用：自由追望大道

庄子在《人间世》中曾言："桂可食，故伐之；漆可用，故割之。人皆知有用之用，而莫知无用之用也。"

复旦大学建校一百多年，始终都坚守着"自由而无用"的育人理念，因为始终坚信，无用之用，方为大用。

在复旦大学，你可以光明正大地"不务正业"，可以毫无顾忌地"胡说胡闹"，可以随随便便"浪费光阴"。只要你找准了自己的人生目标、学习目标，只要你弄明白了自己想成为一个什么样的人，你就可以横冲直撞，爱怎么"折腾"就怎么"折腾"，谁也不会干涉你。相反，师长和学校就是你最坚实的后盾。

你可以像复旦老校长、《共产党宣言》全译本译者陈望道那样，用一生的光阴去"追望救国救民的真理大道"；你也可以像著名国画大师徐悲鸿、畅销书作家包蕾、地理和气象学家竺可桢、著名诗人邹荻帆那样随心所欲地追逐梦想；像历史学家陈寅恪、法学教育家张志让、语言学家张世禄、数学家谷超豪、遗传学家谈家桢那样兢兢业业、专注学术。

当然，你也可以学种树、学插花、学茶艺、学设计……在复旦大学，你永远都是自由的，没有谁会干涉你、影响你，你唯一要做的就是：找到心中所爱，并坚定不移地走下去。

四季流年：赏花观鸟吃青团

走啊走，走过夏荷冬雪，走过四季流年，在砥砺前行的同时，也时不时地驻足，流连一下身周的风景，享受一下惬意闲适的校园时光。

复旦大学有江湾、枫林、邯郸、张江四大校区，总占地面积约244万平方米，不算太大，风光却格外旖旎。

每年春日，灼灼的桃花、妩媚的李花、莹然的杏花不约而同地绽芳吐蕊。但最吸引人的却永远都是思园和理科图书馆外那一树又一树如雪的梨花。

然而，令人遗憾的是，复旦大学校园内的梨树大多天赋异禀、身姿太过挺拔，以至于想要亲自摸一摸那轻柔洁净的梨花竟成了无数学子的奢望。

不过，虽然无法一亲梨花芳泽，但嗅

着淡淡的花香,去林间池畔探个险,看看高傲的白腹蓝鹟,瞅瞅小巧的灰喜鹊,听听白头鹎的高歌,和白鹭、苍鹭、夜鹭共舞,再和常常被误认为"啄木鸟"的戴胜鸟一起去找黑水鸡,探讨一下"铁掌水上漂"的绝技,也着实不错。

如果足够幸运,还能看到比较宅的巧燕和白腰文鸟,那么,中午吃饭的时候一定要把食堂中的"24味"青团全都尝一遍,不然,实在是对不起幸运女神的眷顾。

朝气蓬勃:射箭、踢球、写春联

什么?你说你不喜欢"鸟语花香",也不贪恋美食?

那也没关系,复旦大学那么大,社团那么多,肯定会有那么一两个能让你眼前一亮。

每周必有的"大讲堂"先不说,五花八门的各类比赛也不说,光是平日里层出不穷的"日常"活动,就足以让你应接不暇。

爱国学、爱风雅,就去写诗、填词、谱曲、玩玩飞花令;灵感不断,不去参加"脑洞大赛",搞个发明,写张创意春联,那实在是有些对不起自己;体力旺盛到无处安放,就去踢足球、打篮球、玩乒乓球,实力允许的话,也可以试试铁饼和铅球;爱猎奇、爱神秘,那么,显微镜下的神奇世界一定不能错过,薄如蝉翼、晶莹唯美的石墨烯,绚烂瑰丽的球状纳米花,酷似"无垠星空"的多孔纳米材料,每一样都能让你目眩神迷、眼花缭乱。

报考和招录须知

● 学校高考统招批次(含国家专项和高校专项批次)俄语、朝鲜语、马克思主义理论专业只录取有专业志愿的考生,且入学后不实行校内转专业政策。

● 学校在港澳台地区实行单独的招生政策,招收澳门保送生、免试生、港澳台侨生和符合招录标准的港澳台中学毕业生。

● 学校按照学分、学年预收基准学费。本科专业的基准学费预收标准为每人每学年6500~8140元。

上海

同济大学

1907年,埃里希·宝隆在上海创办了德文医学堂。后来几经改名,1927年成为国立同济大学。历经传承演变,2000年4月,国立同济大学与上海铁道大学合并,组建成新的同济大学,并复办同济大学医学院,是中国最早的七所国立大学之一。自此以后,"同舟共济"成为同济大学的校训。

理想大学城

作为国内"双一流"的百年学府，坐落于上海市杨浦区的同济大学一直以来都是天下学子向往的知识殿堂。

同济大学和其他大学最大的不同大概就是永远把"撸起袖子加油干，矢志不渝培养堪当民族复兴大任的时代新人"放在第一位。在这里，每个学生的开学第一课都是学会同舟共济。

"同济天下、崇尚科学"可谓是慎思明辨的同济精神的一种形象而贴切的写照。在这里，唯有发扬不懈奋斗的精神，淬炼自强不息、发愤图强的意志，才能"千磨万击还坚劲，任尔东西南北风"。

同舟共济，顽强拼搏

"国破需勇士，兴国需英才。"

在同济大学，从攻克智能感知系统中视觉三维定位难题到车用电机驱动系统宽频控制技术，从轻量化柔性压电功能膜制备技术及应用到缓解神经病理性疼痛的新药研发，无不展示着同济学子未来将以何种姿态奔跑在青春的赛道上。"同济天下、崇尚科学、创新引领、追求卓越"是同济大学对同济学子的殷殷期盼。

要知道，同济大学需要每个学生敢于面对挑战，勇于在艰苦奋斗中磨砺意志，将根植于中华文明的奋斗精神，勃发于中国式现代化建设的伟大事业之中，用青春的汗水浇灌出美好的未来。"同舟共济，顽强拼搏"是同济大学作为一所高校的责任，也是每个同济学子的责任。

自强不息，发愤图强

"自强不息，发愤图强"是同济大学百年不变的品格。在这里，练就过硬本领，勇挑时代重担，把脚踏实地和执着坚守紧密结合，百折不挠、心无旁骛，披荆斩棘、乘风破浪。

除了比赛，同济学子们最喜欢扎堆的地方就是各种食堂。上海同济大学的美食是出了名的，质量在上海的高校中绝对是首屈一指的，还因此上过电视节目，同济大学食堂的糖醋大排可谓名气响当当。同济大学本部四平校区有八个食堂，分别为西苑、北苑、西北、学苑和三好坞等。西苑食堂共三层，楼层不同，种类也不同。一楼有担担面和鸭血粉丝汤，二楼有自选餐厅和酒酿圆子，还有红烧肉和大虾等打饭窗口美食。三楼有川菜窗口和同济面。

敢想敢试，刻苦钻研

曾经有人在知乎上提过一个这样的问题："在同济上学，是一种什么样的体验？"其中一个高赞的回答是"美如画"。

同济大学的北区校门是学校的正门，也是校园最具历史和文化价值的地方。校门上方的"同济大学"楷书字形伟岸大气，给人一种肃穆的感觉。燕园是同济大学的主校区，占地面积辽阔，景色优美。这里有许多历史悠久的建筑，包括教学楼、实验楼、图书馆等。尤其是图书馆，作为同济大学的标志性建筑之一，被誉为"燕园之珠"，是一座现代化的图书馆，内部装饰豪华，藏书丰富。学子们在这里感受到了浓厚的学术氛围。

文远楼也是同济大学的标志性建筑之一，于1953年建成，是我国第一所"包豪斯"式建筑，外观简洁典雅，在建筑界中被奉为经典之作，入选"中国20世纪建筑遗产"。建于1961年的大礼堂曾是远东最大的礼堂，被誉为当时同种形式的亚洲之最，人称"远东第一跨"，大礼堂大厅外跨有54米，内部的视觉效果非常棒。三四月份，同济大学樱花大道的樱花盛开，让人感受到粉色浪漫扑面而来。粉色的花和蓝色的墙搭配也好看，小清新的氛围感十足。

校园四时，琅琅书声，娓娓莺鸣，潺潺涧流，见证憧憬，聆听梦想，陪伴学子启航未来。

报考和招录须知

- 同济大学的招生方式主要分为高考统招、保送、定向招录、人才培养计划四大类。
- 不同省份、不同区域，招录的分数线和标准不一。高考统招时，报考考生必须达到本省招录的最低分数线。
- 港澳台地区和外国国籍考生在符合招录条件的情况下择优顺序录取。

上海

上海外国语大学

1949年,华东人民革命大学附设上海俄文学校。后历经华东人民革命大学附设外文专修学校、上海俄文专(修)科学校、上海外国语学院等传承变革,于1994年正式更名为上海外国语大学,是新中国成立后兴办的第一所高等外语学府。自此以后,"格高志远,学贯中外"成为上海外国语大学的校训。

作为国内211"双一流"的高等学府，坐落于上海市虹口区的上海外国语大学（简称上外）一直以来都是天下学子向往的知识殿堂。

上外是一所有志向的大学，也是学子们实现理想的地方。在这个拥有文、工、农、医等14个学科、23个学院、56个本科专业的开放式学府，每一个学生都可以通过学习让理想成为事业。

格高志远，学贯中外

"扎实学习、锤炼本领、高尚品格、远大志向。"

上外和其他大学最大的不同大概就是永远把"用刻在骨子里的家国情怀，传承与生俱来的红色基因"放在第一位。在这里，每一个学生的开学第一课都是学会"格高志远，学贯中外"。

在上外，从图像小说的代际转变到认知功能教学法——理论、设计与程序，从世界卫生组织的区域化治理结构改革缘何困难到激发工作的内在驱动力，无不展示着上外学子未来将应以何种姿态奔跑在青春的赛道上。"格高志远，学贯中外，培根铸魂"是上外对上外学子的殷殷期盼。

要知道，"以德为先、以能为本"是上外作为一个高校的责任，也是每个上外学子的责任。

"贤者惟德、达者善事"可谓是格高志远的上外精神一种形象而贴切的写照。在这里，上外学子服务国家发展、服务人的全面成长、服务社会进步、服务中外人文交流，牢记肩头的国家责任和民族使命，与国家和民族同呼吸、共命运。

磨炼品质，砥砺意志

"磨炼品质，砥砺意志"是上外百年不变的品格。在这里，上下求索，不畏艰难，增长见识，培养学子健壮的体魄、健全的智识、健康的心灵。

上外一年一度的"恒宇杯"金相技能大赛，每年都会掀起一番激烈的竞争。桨板比赛、排球比赛、足球比赛等各种各样的竞赛也是风起云涌，各路英豪欢聚一处。

除了比赛，上外学子们最喜欢扎堆的地方就是各种食堂。泰西餐厅以供应西餐为主，如比萨、意面以及各类炸物及小食等。餐厅内还有一架钢琴，可供同学们弹奏，淙淙琴音与优雅静谧时光相伴，那份愉悦感已然跃上心头。"快乐食间"餐厅里菜品种类的多样性堪称一绝，不仅有港式烧腊、川渝面食，还有各类焗饭、蛋包饭、铁板……绝对能满足你的日常就餐口味需求！麻辣香锅档口是较为热门的档口，

理想大学城

出锅时香气扑鼻，入口时舌尖酥麻、回味悠长，佐以米饭，元气值仿佛能够瞬间拉满！鱼小满窗口则是主打特色"鱼肉饭"，大快朵颐之后内心只有一个感觉——那就是"满足"！

共享共荣，生生不息

曾经有人在知乎上提过一个这样的问题："在上外上学，是一种什么样的体验？"

其中一个高赞的回答是"各有千秋"。

上海外国语大学作为一所以语言为特色的学府，几乎所有的教学楼都是按照相关语言专业对应的国家文化风格修建的，虽然风格迥异，但是放在一起毫无违和感。教学楼浅黄色灰泥墙结合深红色屋瓦，汇集东西各国风采特质，或是伊斯兰风格，或是拜占庭风采，或是英伦格调，或是东瀛风情，相映成趣。挑高的罗马柱和落地玻璃门，两个圆拱形巴洛克式屋顶，像是走进了童话般的世界。旁边的英语学院是典型的维多利亚英式建筑，线条简单、棱角分明，给人带来视觉的享受。那阳光下闪耀的金顶，是俄罗斯东欧中亚学院教学楼的标志。

傍晚的风渐渐泛起寒意，路边的翠绿一点点染上金黄，松脆的落叶慢慢铺满了小径的两侧，秋天翩跹来到上外校园。用一张张照片记录上外的秋日之美，收藏不经意间闯入视野的缤纷秋色，愿独属于这个季节的几抹斑斓能如秋阳般温暖你我此刻心间。

走进上外，收获惊喜，怀揣梦想，乘兴而来，按照约定学成归去。

报考和招录须知

● 上海外国语大学的招生方式主要分为高考统招、保送、定向招录、人才培养计划四大类。

● 不同省份、不同区域，招录的分数线和标准不一。高考统招时，报考考生必须达到本省招录的最低分数线。

● 港澳台地区和外国国籍考生在符合招录条件的情况下择优顺序录取。

上海

华东师范大学

1925年,厦门大学的300余名师生因为追求民主办校脱离厦大,来到上海,于是王伯群与欧元怀、王毓祥等人应失学青年要求,捐资创办大夏大学。历经传承演变,1951年,华东师范大学成立,1997年至1998年,上海幼儿师范高等专科学校、上海教育学院和上海第二教育学院等先后并入。自此以后,"求实创造,为人师表"成为华东师范大学的校训。

作为国内"双一流"的百年学府，坐落于上海市普陀区的华东师范大学（简称华东师大）一直以来都是天下学子向往的知识殿堂。

华东师大是一所有志向的大学，也是学子们实现理想的地方。在这个囊括文学、历史学、哲学、教育学、经济学、理学、工学、管理学、法学、艺术学、医学11个学科、32个学院、85个本科专业的开放式学府，每个学生都可以通过学习让理想成为事业。

求实创造，为人师表

"卧薪尝胆，精忠报国，枕戈待旦，一鸣惊人。"

华东师大和其他大学最大的不同大概就是永远把"锚定新航标、中流击水、奋楫者进"放在第一位。在这里，每个学生的开学第一课都是学会求实创造，为人师表。

在华东师大，从郭大力翻译《资本论》首个中文全译本到刘佛年编撰中国第一部教育学教材，从"胡焕庸线"划出中国地理百年大发现到吕思勉"精熟全史"，无不展示着华东师大学子未来将以何种姿态奔跑在青春的赛道上。"求实创造，为人师表，无愧于党和国家"是华东师大对华东师大学子的殷殷期盼。

要知道，华东师大需要每个学生立志于能创造性发展我们祖先的智慧，为人类的治身、治学、治理、治国、治世等书写新的篇章。"科教兴国"是华东师大作为一所高校的责任，也是每个华东师大学子的责任。

"求实创造，为人师表"可谓是慎思明辨的华东师大精神的一种形象而贴切的写照。在这里，华东师大学子学史而明智，鉴往而知来，既知晓东方文明的西方渊源，更知道西方文明的东方起源，能以中西融合、古今互通的心态，发现规律、运用规律以实现梦想。

国之所需，吾志所向

"国之所需，吾志所向"是华东师大百年不变的品格。在这里，善悟经典，善用有无，善待观点，善爱生命，善迎未来，善事中国。

华东师大一年一度的"佛年杯"教学技能创新大赛，每年都会掀起一番激烈的竞争。田径比赛、围棋比赛、健美操比赛等各种各样的竞赛也是风起云涌，各路英豪欢聚一处。

除了比赛，华东师大学子们最喜欢扎堆的地方就是各种食堂。华东师大的早餐种类非常多，有包子、油条、豆浆、烧卖、鸡蛋、营养粥等。大多数学子平时的早饭就是一个水煮蛋、一个包子、一碗粥,吃完早餐元气满满地上课去!早餐的价格也非常实惠。华东师大最好吃的面是西安"邋遢面",在河西食堂二楼,里面的配料非常丰富,也很有西安风味。此外,还有白兰地炙烤活虾,白兰地的加持使轻食拥有西餐的质量,虾的鲜香与酒的醇香在唇齿间交织碰撞。

风雨兼程,止于至善

曾经有人在知乎上提过一个这样的问题:"在华东师大上学,是一种什么样的体验?"

其中一个高赞的回答是"诗意"。

华东师范大学的建筑风格非常有特色。校园内的各种建筑物的设计都非常精致,有些甚至注重每一个细节。如校园内的实验楼,外立面设计浅浅的波纹状线条,很有韵律感。艺术元素是华东师范大学校园的一大特点。暖白色的校门优雅亮眼,不仅是万千学子对华东师大的第一印象,也是一代又一代华东师大人对母校魂牵梦绕的物质承载。校园内广场的雕塑、校门上的浮雕、建筑立面的壁画等都彰显了艺术氛围。华东师范大学的校园中也有很多小巧玲珑、别具匠心的艺术品,这些艺术品令人耳目一新,同时也让整个校园充满了灵气,让人难以忘怀。

华东师大素来有"花园学校"的美称,而校内最浪漫的地方就是丽娃河与夏雨岛。风吹动水面的柔波,氤氲的空气糅合出别致的韵味与斐然的文艺,河水潺潺而过,诉说着爱与诗意的人间永不凋零。

文脉绵延,水流缘在,让信念的光辉承载梦想,守护你勇敢地追求心中的梦想!

报考和招录须知

- 华东师范大学的招生方式主要分为高考统招、保送、定向招录、人才培养计划四大类。
- 不同省份、不同区域,招录的分数线和标准不一。高考统招时,报考考生必须达到本省招录的最低分数线。
- 港澳台地区和外国国籍考生在符合招录条件的情况下择优顺序录取。

上海

华东政法大学

1952年，由圣约翰大学、复旦大学、南京大学、东吴大学、厦门大学、沪江大学、安徽大学、上海学院、震旦大学9所院校的法律系、政治系和社会系在圣约翰大学旧址合并成立华东政法学院。历经传承演变，2007年3月，经教育部批准，学校更名为华东政法大学，是新中国创办的第一批高等政法院校。自此以后，"笃行致知，明德崇法"成为华东政法大学的校训。

作为国内"双一流"的高等学府，坐落于上海市松江区的华东政法大学（简称华政）一直以来都是天下学子向往的知识殿堂。

华政是一所有志向的大学，也是学子们实现理想的地方。在这个拥有法学、政治学、社会学、经济学、文学、历史学、哲学、教育学、管理学等10个学科、21个学院、26个本科专业的开放式学府，每个学生都可以通过学习让理想成为事业。

笃行致知，明德崇法

"增强体质，健全人格，锤炼意志。"

华政和其他大学最大的不同大概就是永远把"心系国家事、肩扛国家责、志在国家强"放在第一位。在这里，每个学生开学的第一课都是笃行致知，明德崇法。

在华政，从《洗冤录》西译与"他者"叙事到《近代英国对华域外法体系研究》，从《"新翻译史"何以可能——兼谈翻译与历史学的关系》到《"一带一路"国家立法文本的翻译——国家需求、文本选择与等效原则》，无不展示着华政学子未来将以何种姿态奔跑在青春的赛道上。"把实现个人价值同党和国家的前途命运紧密联系在一起"是华政对华政学子的殷殷期盼。

要知道，华政需要每个学生立志于锻炼强健的体魄，进而形成健全的人格和全面的素质，胸怀天下。"肩扛国家责"是华政作为一所高校的责任，也是每个华政学子的责任。

"笃行致知，明德崇法"可谓是华政精神的一种形象而贴切的写照。在这里，把个人对法治精神的追求与中国实行依法治国、以德治国的方略衔接。做一名严谨理性、有专业素养、有正义感的法律人，也做一名浪漫温情、有责任担当、有使命感的社会人。

勇毅果敢，积极奋进

"会泽百家，至公天下"是华政百年不变的品格。在这里，学子应专注于自己的个性，找到自己真正的热爱，在积极进取中实现青年的价值，在锐意进取中弘扬华政人的精神。

华政一年一度的"小城杯"公益之星创意诉讼大赛，每年都会掀起一番激烈的竞争。拔河比赛、田径比赛、足球比赛等各种各样的竞赛也是风起云涌，各路英豪欢聚一处。

除了比赛，华政学子们最喜欢扎堆的地方就是各种食堂。华东师大食堂推出了暖心又暖胃的美食。轻轻热起一盏铜锅，火锅的热气渐渐漫上双眼；各式搭配的烤

理想大学城

冷面与香锅,让美味温暖五脏六腑;还有大碗的汤品面食,一口下肚,能抚慰整个冬日的寒冷!普通的快餐米饭加菜,兼有其他蛋包饭之类的美食,也让人难忘。二楼则更加多元化,有石锅拌饭、韩国辛拉面、米线等。

家国为念,潜心钻研

曾经有人在知乎上提过一个这样的问题:"在华政上学,是一种什么样的体验?"

其中一个高赞的回答是"花开满园"。

华东政法大学长宁校区静立于苏州河之滨,与周围清秀的环境融为一体,仪态万方。华东政法大学长宁校区好似一座楔形半岛,又像是42公里苏河岸线上一颗璀璨的"明珠"。从晨光熹微到月光皎皎,这里的日与夜,展现出不一样的魅力。放慢脚步,缓缓前行。交谊楼、院长楼、格致楼、韬奋楼、小白楼……皆在绿树掩映中的不远处,举目皆可见。屋脊上的飞檐翘角、红砖白墙上的斑驳痕迹、栏杆上的光与影……向我们诉说着往事,带领我们穿越时空,感知历史的曲折与光辉。

秋天,集英楼金菊如海,"耐寒唯有东篱菊,金粟初开晓更清"。集英楼南侧,盛放着连绵的百日菊花海。花瓣层层舒展,宛若一只只玲珑的皇冠。红通通、金洞洞,明艳如火烧云,为华政园捎来无限生机。绿柳荫下,玉泊湖桥的杜鹃花正开得轰轰烈烈,湖面上映出的影子,仿佛是洒下的一盘火红星子。

在这里,树树皆颜色,山山落余晖,步步是美景,处处好时光。

报考和招录须知

- 华东政法大学的招生方式主要分为高考统招、保送、定向招录、人才培养计划四大类。
- 不同省份、不同区域,招录的分数线和标准不一。高考统招时,报考考生必须达到本省招录的最低分数线。
- 港澳台地区和外国国籍考生在符合招录条件的情况下择优顺序录取。

上海

上海理工大学

1906年，沪江大学成立。历经传承演变，原沪江大学和原国立上海高级机械职业学校分别改建为上海机械学院和上海机械高等专科学校，两校合并组建上海理工大学，是上海市入选国家"111计划"的首批深化创新创业教育改革示范高校。自此以后，"信义勤爱、思学志远"成为上海理工大学的校训。

理想大学城

作为国内著名的高等学府,坐落于上海市杨浦区的上海理工大学(简称上理)一直以来都是天下学子向往的知识殿堂。

上理是一所有志向的大学,也是学子们实现理想的地方。在这个以工学为主,囊括工学、理学、经济学、管理学、文学、法学、艺术学等7个学科、18个学院、64个本科专业的开放式学府,每个学生都可以通过学习让理想成为事业。

信义勤爱,思学志远

"国际视野、家国情怀、科学思维、工程能力。"

上理和其他学院最大的不同大概就是永远把"制造强国、国际视野、家国情怀、工程能力"放在第一位。在这里,每个学生的开学第一课都是学会信义、勤爱、思学、志远。

在上理,从重型燃气轮机到高铁、大飞机;从北斗卫星、神舟系列飞船到国内第一台运动加速度达到2G的高端数控机床,无不展示着上理学子未来将以何种姿态奔跑在青春的赛道上。"爱国图强、开放包融、敢为人先、追求卓越"是上理对学子们的殷殷期盼。

要知道,上理有"制造业黄埔军校"的美誉,需要每个学生立志于以实现中华民族伟大复兴为己任,"厚基础、强实践、高标准、严要求",可谓是追求真理的上理精神的一种形象而贴切的写照。

工程能力,创新精神

"爱国图强、敢为人先"是上理百年不变的品格。在这里,一年一度的上海市大学生新材料创新创意大赛,每年都会掀起一番激烈的竞争。篮球比赛、写作比赛等各种各样的竞赛也是风起云涌,各路英豪欢聚一处。

除了比赛,上理学子们最喜欢扎堆的地方就是各种食堂。目前,上理的食堂和营业点共有19个,其中学生食堂10个,教师餐厅4个,清真餐厅2个,特色窗口3个。"特色酱鸭"在校园十大美食评选中榜上有名。

家国情怀,科学思维

在知乎上,有人提问:"在上理上学,是一种什么样的体验?"一个备受点赞的答案为"浪漫"。上理大礼堂和思魏堂,这两座建于1937年的标志性建筑镶嵌在沪江大学的校园中。走在上理校园的任何角落,无论是春日绽放的樱花、郁金香,还是夏季盛开的蔷薇花和秋天绽放的牡丹花,各种各样的花卉随处可见,为校园增添了色彩和生气。每个季节,"理宝"们都能欣赏到不同的花卉景观,仿佛身处花的海洋中。

校园里另一个令人喜爱的亮点是那些生活在这里的可爱小猫。无论是胖橘猫、小狸花猫还是大白猫,它们喜欢在阳光普照的草坪上打盹儿,偶尔还会与"理宝"们玩耍,为大家带来欢乐和放松。撸猫、喂猫已成为"理宝"们日常生活的一部分,与这些毛孩子们的互动成为校园生活中不可或缺的一部分。

在上理上学,不仅仅是学术的深造,更是一种全方位的浪漫体验。这里不仅有优美的建筑和丰富的花卉,还有活泼可爱的小猫咪,每一寸校园都充满了生活的乐趣。这种独特的校园文化和氛围,使得在上理上学成为一种心灵愉悦的体验,每个"理宝"都能在这里找到属于自己的小确幸,为学习生活增添了一份浪漫与温馨。

报考和招录须知

- 上海理工大学的招生方式主要分为高考统招、保送、定向招录、人才培养计划四大类。
- 不同省份、不同区域,招录的分数线和标准不一。高考统招时,报考考生必须达到本省招录的最低分数线。
- 港澳台地区和外国国籍考生在符合招录条件的情况下择优顺序录取。

上海

上海海洋大学

1912年，江苏省立水产学校成立。历经传承演变，1985年更名为上海水产大学。2008年更名为上海海洋大学，江泽民同志题写校名，是国家"双一流"建设高校。自此以后，"勤朴忠实"成为上海海洋大学的校训。

上海海洋大学

作为国内著名的高等学府，坐落于上海市浦东新区的上海海洋大学一直以来都是天下学子向往的知识殿堂。

上海海洋大学是一所有志向的大学，也是学子们实现理想的地方。在这个拥有水产、海洋科学、食品科学与工程、生物学、农林经济管理、环境科学与工程、计算机科学与技术、生态学等14个学科、14个学院、44个本科专业的开放式学府，每个学生都可以通过学习让理想成为事业。

勤朴忠实，薪火相传

"向海图强、昂扬向上、勤朴忠实、薪火相传。"

上海海洋大学和其他学院最大的不同大概就是永远把"开拓进取、向海图强，渔界所至、海权所在"放在第一位。在这里，每个学生的开学第一课都是学会勤朴、忠实。

在上海海洋大学，从南极科考及远洋运输的智能暂养设备，到桥岸区域船舶安全通航管控系统；从内燃机轴系扭转振动分析系统，到智能化远洋渔业服务平台，无不展示着上海海洋学子未来将以何种姿态奔跑在青春的赛道上。"开发蓝色国土，发展海洋科技"是上海海洋大学对上海海洋学子的殷殷期盼。

要知道，上海海洋大学需要每一个学生立志于以实现中华民族伟大复兴为己任。"坚持服务国家乡村振兴、粮食安全战略"是上海海洋大学作为一所高校的责任，也是每个上海海洋学子的责任。"勤朴忠实，薪火相传"，可谓是追求真理的上海海洋大学精神的一种形象而贴切的写照。

携手同行，笃行实干

上海海洋大学一年一度的上海赛艇公开赛，每年都会掀起一番激烈的竞争。羽毛球比赛、河蟹大赛等各种各样的竞赛也是风起云涌，各路英豪欢聚一处。

除了比赛，上海海洋大学学子们最喜欢扎堆的地方就是各种食堂。上海海洋大学共有三个食堂，第一食堂与第二食堂位于本科生宿舍生活区，第三食堂位于研究生宿舍生活区。黄鱼面将滑嫩的鱼肉裹上面衣煎至金黄，连鱼刺都变得酥软起来，混着香菇高汤的浇头一起淋在热腾腾的面条上。一碗下来，温暖传遍四肢，驱散了一身寒气。

理想 大学城

向海图强，昂扬向上

曾经有人在知乎上提过一个这样的问题："在上海海洋大学上学，是一种什么样的体验？"

其中一个高赞的回答是"幸福"。

漫步于校园中，明湖与镜湖是难以忽视的存在，也是不少海大学子热爱的摄影打卡处。湖水清澈无波，天气晴朗时倒映出不远处的教学楼与蔚蓝天空，有时还能捕捉到鱼群、大鹅活动的身影。夏日沿着湖畔小道向前走，亭亭玉立的荷花就在不远处。临海的优越地理位置与远离市区的良好自然环境使得上海海洋大学的晚霞总是惊人的美丽，且每一天都有新的色彩，让人忍不住驻足打卡。一切准备就绪，只为与你相逢，那是因你而绽放的校园，愿每个人对大学生活能温柔以待，不负韶华。

报考和招录须知

- 上海海洋大学的招生方式主要分为高考统招、保送、定向招录、人才培养计划四大类。
- 不同省份、不同区域，招录的分数线和标准不一。高考统招时，报考考生必须达到本省招录的最低分数线。
- 港澳台地区和外国国籍考生在符合招录条件的情况下择优顺序录取。

天津

天津大学

有一种惊艳，叫诞生于海河之畔；有一种热情，叫天津大学欢迎你；有一种向往，叫世界校友与你同行；有一种追求，叫北洋纪念亭中读历史；有一种狂喜，叫梦想突然成了真；有一种震撼，叫院士给我们讲习题；有一个故事，叫"我的天津大学日记"；有一种起点，叫收到了天津大学的录取通知书……百年天津大学，华彩津门，有你就荣耀。

如果大学之间也有聊天群，那么，聊天群的日常大概是这样的：

清华：我是理工科的扛把子。天大：我是中国第一所大学。

北大：论文科，我没怕过谁。天大：我是中国第一所大学。

中传：弱弱地问一句，谁能比我更懂传媒。天大：我是中国第一所大学。

百年名校，无双风采

1895年，中日甲午海战的硝烟还没有彻底散去，由光绪皇帝御笔朱批、著名实业家盛宣怀督办筹建、第一次被外媒以"University"来称呼的首座现代大学堂——北洋大学堂正式在海河之畔亮相。

世间所有的努力与拼搏，或早或晚，终究会得到回馈。1951年，更名后的天津大学（简称天大）终于迎来了"人生"中最重要、最华丽的蜕变，从此之后便如龙腾空、青云直上：先后入选"211""985"，荣膺"世界一流大学建设"A类高校；不仅形成了工科优势明显，理工结合，经、管、文、法、医、艺术、教育多学科协调发展的全新学科发展格局；率先提出了新工科发展的"天大方案"、成为"天智计划"的领衔人；还建设了4个国家重点实验室、3个国家国际技术合作基地、10个国家级人才培养创新实验区；主导了"海燕"混合驱动水下滑翔机、脑机接口芯片、水利工程智能仿真等百余项高新科技研究项目。另外，天大与佐治亚理工学院、新加坡国立大学等国外名校合办的多所学院也在如火如荼地发展中。

兼收并蓄，"没有围墙"

走进天大，你会发现，校内最吸引人的从来都不是冯骥才文学艺术研究院那无数次染红了深秋的红叶，也不是郑东图书馆那满满的书香，更不是北洋园混杂了绿荫和汗水的大体育场，而是建筑学院那座幅员4000平方米、没有任何围墙的双层教学楼——北馆。

是的，你没看错，北馆确实是没有围墙！

在这里，整栋楼就等于一个大教室，不同院系、不同专业、不同年级的人可以无障碍地自由交流；隔着长桌和规划专业的小姐姐打个招呼；转过头去和学建筑的师兄分享分享画图的经验，都是再日常不过的操作。

累了，倦了，可以靠着椅背，悠闲地晒晒"日光浴"，也可以抬起眼，漫无目的地看看风景。

遇见独一无二的人

一位毕业于天大的学姐曾经说过，天大最亮眼的从来都不是湖光山色、名师精英，而是独一无二的人：比如在打饭窗口贴出告示，只允许学生们叫自己"姐姐"的"90后"食堂小阿姨；再如77岁开始学习、81岁顺利拿到天大本科学历的"学霸奶奶"；又如在户外"田野课堂"上故意甩女生一身泥的"坏蛋"小哥哥……

四年，一千多个日日夜夜，在天大，你总能邂逅形形色色的人，遇见一个又一个不一样的人，无论彼此之间有没有长久的缘分，会不会成为朋友、冤家、竞争对手，能够相遇，本身就已经是一种美好。

别担心离别，别担心走着走着就散了，说不定哪一天，你就能在天大校园内，或者在"世界校友代表大会"上再次看见熟悉的身影。

报考和招录须知

- 学校开设强基计划、筑梦计划、保送、高水平艺术团体、高水平运动员、艺术类特招、台湾学测生等多个招录渠道。
- 港澳台地区、留学生招录实行与高考统招完全不同的单独招生计划。
- 应用物理、应用化学、智能制造与建造类专业、制药工程、建筑学等都是天津大学的优势专业。

天津工业大学

天津

想邂逅亚洲最长、最美的图书馆吗？想凭着"硬实力"发家致富吗？想体会一下被直线支配的恐惧吗？想见识一下传说中又抠又壕的"老母亲"吗？如果想的话，就赶紧踏上前往津门的列车，奔赴天津工业大学吧！

天津工业大学（简称天工大）别的不说，只听名字，就知道这是一座纯粹的工科院校。

事实上，它的确是一座工科院校，而且位列国内工科百强名单之内，妥妥的"双一流"名校。

早在1912年建校之初，天工大就在纺织领域大放异彩。如今，学校的纺织工程专业、材料科学与工程专业更跻身全国前三，许多顶流学府都比不上。

直线与唯美

常言道："爱美之心，人皆有之。"欣赏一个人，会"始于颜值，陷于才华，终于人品"；欣赏一所院校，同样如此。

如果你做个细致入微的调查，就会发现，90%的学子初次走进天工大时，第一反应都是震惊、震撼。没办法，天工大的颜值实在是太高了。

即便是再挑剔的人，在这里，也能找到自己的钟爱。不过，老校区浓浓的文艺范儿固然让人流连，但大多数的工科人似乎更喜欢新校区简约严谨的理工风。为此，他们甚至忽略了被直线支配的恐惧！

天工大的新校区，所有的建筑都是直线设计，横平竖直，几乎见不到任何的曲线与弧度；再加上灰、黄、黑的经典配色，简直是要多高冷有多高冷。

又抠又豪爽

国内自带"小金库"的高校，满打满算只有13所，天工大就是其中之一。

所以，天工大差钱吗？

绝对不差！而且，它是妥妥的"大富翁"。

但是，这个"大富翁"平日里作风有些"奇葩"，数次因为抠……哦，不，因节俭而喜登热搜，说它是现代版的葛朗台，那是一点儿都不冤枉。

有人见过去食堂买饭，连打包的塑料袋和餐盒都不给的吗？

天工大就这么干过！

为此，天工大的小伙伴们脑洞大开，开发了108种"带饭"绝招儿，一个比一个玩得花：用方便面袋的，用布口袋的……

带饭过程中出现的各种状况暂且不提，但毫无疑问，经过这一遭，每一个天工大人大概都会对"一次性塑料袋"产生深深的怨念，天工大"环保第一校"的名声也是确确实实打了出去。

当然，虽然天工大这位"老母亲"有时候是有些抠搜，但大多数时候还是很豪爽的，在它看来，自己的"孩子们"值得拥有最好的。所以，天工大有超豪华的食堂、超新潮的宿舍、亚洲最长最美的图书馆、"土豪"标配的3D影院、高端大气上档次的游泳馆、超大的体育场……

喏，这样又抠又豪爽的"老母亲"，你是爱还是不爱呢？

竞争与成长

作为一名"虎妈"，天工大在生活上对"孩子们"很宠溺，在学业上却一点儿都不放松，甚至严格到了苛刻的程度。

至于竞争什么，各科成绩，各种校内校外的竞赛，各种体育、文化、科技赛事，"挑战杯""谷雨杯"，大学生校园文化艺术节，大学生运动会等，不限时间、不限内容、不拘成绩，只要敢于竞争、勇于竞争，在"老母亲"眼中，这就是胜利！

别担心输在"起跑线"上，天工大有1000多位具有博士学位的导师，还有4名长江学者、7名两院院士，有最先进的模拟仿真实验教学中心、有深厚的人脉和资源，无论软件和硬件都是顶呱呱的，完全靠得住。

不小心输了？没关系，没有谁会责怪你。毕竟竞争本身就已经足够美好、足够让人成长。

万一赢了，那更好，"老母亲"会永远以你为骄傲！

报考和招录须知

● 高考改革省，统招录取时按照改革相关政策执行；非改革省，统招录取时遵循志愿优先的原则，优先录取第一志愿为天工大的考生。

● 软件工程、电气工程及其自动化、通信工程、信息管理与信息系统专业只接收本志愿的考生，不接收调剂生。

● 学校根据在各省（区、市）的招生计划和考生报考情况，确定调档比例。实行平行志愿的批次，调档比例一般不超过招生计划的105%；未实施平行志愿的批次，调档比例一般不超过招生计划的120%；录取时，我校将根据各省（区、市）生源状况和预留计划情况适当调整招生计划。

天津

天津科技大学

在四大直辖市中,天津一直是最低调、最不起眼的一个,天津的院校似乎也"遗传"了这一点,大都默默无闻,但默默无闻并不代表平平无奇。不信,你瞧,就连在天津"排位一般"的天津科技大学,造纸和轻工专业都名列全国前十。

理想 大学城

在天津的大学圈子里，天津科技大学（简称天科大）既不拔尖儿，也不拉跨，中规中矩、普普通通。

天科大始建于1958年，原本是轻工业部下辖的一所轻工学院，也是中国第一批轻工类本科院校。历史不算悠久，在轻工这个小圈子里，却也算得上是声名赫赫。

学校15个院系、57个本科专业中，国家一流专业和市一流专业就占32个。发酵工程、制浆造纸工程、包装工程、食品科学与工程、轻工技术与工程等"王牌"专业固然足够强，机械工程、农业科学、材料科学、生物学与生物化学等"骨干"专业也着实不赖。

如果你的成绩够不上顶流名校，又想在一线大城市、一线学院播种自己的梦想，那么，选择天科大，你绝对不会后悔。

学嘛嘛快，吃嘛嘛香

随便翻翻网上的灌水帖，你会发现，天科大的"黑粉"和"铁粉"几乎一样多。

"黑粉"们常常吐槽天科大又小又破又偏僻，"铁粉"们则时不时地对天科大的精致、安静、香喷喷怒赞一波。

实话实说，天科大的校园小吗？153.32万平方米的总面积，与其说是小，倒不如说是精致。

真要是有人觉得小，那也是因为学校的规划"超标"，那么点儿面积，居然建了三座大型图书馆、七个大食堂。

你问为嘛这么做？

为了学子们能够吃好、喝好、学好啊！

在全国85%的大学食堂都被吐槽"奇葩""难吃"的同时，天科大却用食堂彻底征服了学子们的味蕾。

走进食堂，你会看到特别丰富的菜品，不说各种各样的大菜、炒菜，光是家常的鸡丝面、铁板意面、鱼粉、鸭血粉丝就好吃到让你怀疑自己以前吃的那些全是假货。

如果有家人或朋友来，别犹豫，请他们到食堂搓一顿，绝对让你倍儿有面儿。

至于说吃饱喝足之后去干吗，这个选择可就多了。

骑上你的专属小电驴，在校园的林荫道上兜兜风；听着歌，散着步，独自追逐夜空中最亮的那颗星；小湖边、草丛里、墙根下，和又胖又萌的"喵星人"来一次"命定"的邂逅，都很不错。

当然，深谙"内卷"之道的天科大人最钟爱的肯定还是图书馆。查资料、背单词、画设计图，做个货真价实的"卷王"！

"保姆式"导师，了解一下？

卷不动了怎么办？

假的回答："保姆式"导师7×24小时实时在线为您服务！

真的回答：只要卷不死，就往死里卷，

你能行，加油！

不过，实话实说，天科大的导师们真的很"香"，超级敬业、超级负责、超级认真！

一些上了年纪，尤其是退休返聘回来的老教授，上课的时候还坚持用粉笔写板书，还会准备堪称"童年杀"的小黑板。

只要你提出问题，不管这个问题有多傻、多可笑，导师们都会耐心地解答，不厌其烦。

稍微年轻一些、新潮一些的导师，在老教授的耳濡目染之下，也放弃了机批作业的"恶习"，亲自手批作业。

各个班的班导，就差化身"居委会大妈"了，对学生挨个去慰问、去调查，生活中、学习中的各种大事小情都能找他们。

你想考其他学校的研究生？导师会通过自己的关系和渠道，帮你拿到心仪学校的第一手考研资料。

你想逛吃逛玩，导师们绝不会吝啬送你一份"津门自助游超详细攻略"。

多彩活动嗨翻天

天科大有两个校区，主校区在被誉为"津门未来发展桥头堡"的滨海，周围有许多热门打卡地，如中关村科技园、泰达航母主题公园、国家海洋博物馆、东疆湾黄金海岸等。平日没事的时候，或独自一人，或邀上三五个小伙伴，一起去海边玩玩沙、去公园看看航母、去博物馆读"科普"，都是不错的选择。

当然，如果你比较文艺，比较怀旧，也可以坐上开往河西校区的校车，去市中心遛遛：古文化街是著名的"淘宝圣地"，鼓楼的相声十分精彩，天津三绝——狗不理包子、耳朵眼炸糕、十八街麻花肯定要尝一尝，瓷房子、意大利风情区、海河也非常适合打卡。

要是不想动弹，想在学校自娱自乐，也OK啊。天科大的课余活动十分丰富，校园文化节、高峰论坛、金秋辩论赛、"舞动林争霸"大赛、"十大歌手"争夺战、"三走"运动节等，全都好玩到爆。

报考和招录须知

●学校本科招生预留计划不超过本科招生计划总数的1%，用于调节各地统考上线生源的不平衡。

●天津科技大学中外合作办学学费标准：中日合作计算机科学与技术（信息处理）项目22000元/生/学年；中英合作生物工程（酿造与蒸馏）项目24000元/生/学年；中澳合作财务管理项目25000元/生/学年。

●本科统招录取时，原则上认可各省的政策性加分。

天津

南开大学

七月盛夏,蝉鸣花落,昔日学院,海棠依旧。不选择南开大学的理由可以有千百种,选择南开大学的理由却只需一种——能和敬爱的周恩来总理当校友,难道还不足以令你心动吗?

南开大学（简称南开）是教育部直属的综合性研究型大学，成立于风云激荡的民国时期，经历过抗战的烽火、见证过新中国的成长，是一座真正"与国同休"的高等学府。百年名校，始终备受学界瞩目。

允公允能：谁还没有十八般武艺？

1934年，津门烽烟弥漫，南开大学尚未南迁，校长张伯苓先生援引《诗经·鲁颂》中的名句，深情寄语南开学子，希望大家能允公允能——既有公德，又有能力。从此，修身立德、主动锤炼"十八般武艺"就成了南开大学的优良传统，数十年如一日，从未改变。

在这里，学好本专业的专业课只是底线、基本功，谁要是不辅修三五门课程、发展七八项爱好，练一手"有排面"的绝活儿，毕业后都不好意思说自己是周恩来总理的校友。

数学系、化学系的"钢铁直男"们，在每周一次的文化沙龙上，可以秒变"江南才子"，要颜值有颜值、要学识有学识，天南地北、天文地理随便你侃。

哲学系、中文系的"袅袅佳人"，在国创百项、走进乡村等实践活动中，也能瞬间化作"疯狂科学家"+"全能女汉子"，既进得了实验室，也下得了麦草塘。

眼视光医学专业的小哥哥小姐姐们除了每天忙着"验光配镜"，隔三岔五也会溜到外语系去免费蹭吃蹭课，学上一口流利的德语、日语、韩语、法语、西班牙语。

南开大学的学子们，有一个算一个，全都深谙艺多不压身的道理；南开的导师、教授也确实超级给力，专业课、公共课什么的就不说了，各个院系还会不定时地邀请各界名流到校来开讲座，叶嘉莹、马伯庸、汪朝光、姜伯驹……只有你想不到的，没有南开大学请不来的！

有如此给力的母校，也难怪近百年来南开大学英才辈出，老一辈有"微分几何之父"陈省身、著名化学家邱宗岳、拓扑学奠基人江泽涵、国家最高科技奖获得者刘东生、工行副行长王丽丽、南方航空总经济师唐勇；新一辈也有征战过《最强大脑》的"全能浪子"栾雨、在《中华好诗词》节目中灼灼闪耀的"大才子"张理想等。

日新月异：没有最时髦，只有更时髦

两三千年前，《礼记·大学》中就有"苟日新，日日新，又日新"的古训。南开建校后，先辈们亦深知世事无常、日新月异的道理，于是，"随时应势、与时俱进"就成了南开人一生奉行的座右铭。

在南开大学，你找不到任何一个老古

板，也寻不到任何一个死脑筋，相反，这里时髦得让人难以想象。

当别的学校日催夜催，恨不得学生们整天待在图书馆和自习室的时候，南开大学却鼓励学生们"不务正业"，听京剧、看话剧、逛茶馆、听相声、参加动漫展、打CALL追星，只要你想，尽管放心大胆地去做！

当其他大学的导师为学生的四六级成绩、论文答辩纠结不已的时候，南开的教授们却正在为学生的"终身大事"绞尽脑汁：不仅图书馆里有情侣专座、宿舍里有"夫妻档"，甚至还为"不开窍"的男生女生们专门开设了"爱情社会学"和"爱情哲学"两门公开课。毫不夸张地说，整个南开，一年四季，时时处处都弥漫着粉红色的气息。

所谓"民以食为天"，在吃食方面，南开"妈妈"也为学子们操碎了心。食堂里琳琅满目的各种美食就不说了，为了照顾同学们的感受，学校还贴心地在宿舍区建了"共享厨房"：这个不爱吃，那个不愿吃，这个吃了过敏，那个吃了不开心，没关系，想吃啥，自己上手做就是！厨艺弱一点儿，就做个绿豆汤，炒个西红柿；厨艺强一点儿的，欢迎开发"南开版"满汉全席！

怎么样？了解了这么多，你有没有被南开大学吸引住？"猗欤南开，宏业无疆""河海泱泱，立学启庠"，来吧，来南开大学吧，来到这里，你的人生才有可能光芒万丈！

报考和招录须知

- 医学院所有专业科别都不接受调剂，不会录取志愿非本专业的任何考生。
- 保送生、艺术和体育类特招生入学后不能够转系转专业。
- 中外合作办学科目实行单独的招生政策和流程，具体时间和要求可参考学校官网信息。

天津

中国民航大学

中国民航大学是民航局辖下的一所多科性、"双一流"大学,自1951年建校以来,就一直走在"育人与学术"的双前沿。渴望翱翔蓝天,希冀拥抱星辰大海的你,不选择这里,简直没道理!

理想 大学城

细数一下，国内的航空大学其实有不少，空航、海航、深航、北航、郑航等，但冠有"国"字头的却只有一个——中国民航大学（简称中航大）。

中国民航大学的前身是成立于1951年的第二民航学校，建校之初就备受瞩目：周恩来总理亲自择选校址，毛泽东主席亲自选任校长，开国少将方槐将军担任第一任校长。此后，岁月如幕，中航大也始终初心不改，以"建民航、兴民航、强民航"为己任，严实向上、立学立人，在建设有中国特色的世界一流民航大学道路上稳步前行。

最美"飞行乐园"

"飞机起落的地方，就是中航大的主场。"

每次漫步在"飞行乐园"宽阔的跑道上，看着川流如织的人群，中航大的学子们脑海中都会情不自禁地响起这句校内人人皆知的口号。

作为国内首屈一指的民航人才输出基地，中航大的教学环境和实训资源自然没得挑。其不仅坐拥110余架训练机、208套全息模拟机、22架机务维修机和辽阳、呼伦贝尔、石河子三大飞行训练基地，还有一座超豪华的空间定向能力训练场，里面千奇百怪的训练设备让人眼前一亮。

当然，比起设备，更让人惊艳的还是正在训练场上挥洒汗水的准飞行员和未来的"机长"们。

他们本身就是校园最亮眼的一道风景线。如果你社交属性满点，尽可以放心大胆地去"搭讪"。

如果不行也没关系。中航大从来都不缺乏各种不期而遇的小确幸和小美好。

无论是伴着清风、迎着朝阳，昂首走在自强桥上；还是掬着雪花、头顶星光，漫步在千禧湖边；或是站在大笃学路的海棠花树下，一边嗅着花香，一边遥看远方巍然屹立的米黄色钟楼，都是一件极浪漫、极幸福的事情。若是"幸运值"爆表，说不定还能在图书馆外偶遇"蓝精灵学院"——机务维修专业中罕见的几朵"霸王花（女学员）"。

自律自强，发热发光

自律一直以来都是中航大师生刻进骨子里的气质。

当同龄的小伙伴们快快乐乐地撸猫、喝咖啡、"吃鸡"、压马路、因为开学军训叫苦连天的时候，中航大的新生们已经主动开启了为期四年的"军管"模式！

每天清晨，准时到操场打卡跑步、晨练、做早操；接着，练习队列，整理内务，谁的枕头卷了角，谁的被子没叠成豆腐块，肯定会被同学们善意地"嘲笑"好几天；

之后，小哥哥、小姐姐们便各奔东西，开始一天的专业课"磨砺"。

准飞行员们或是喜提"实操加训券"一张，又紧张又兴奋地进入实习机机舱，调适仪表，准备翱翔蓝天；或是板板正正地坐在教室里，听老教授唠唠叨叨，细致地拼凑着自己的"专业理论拼图"；或是约上三五个同窗，一起去图书馆的空客、波音、中商飞资料室，查询第一手的技术资料；或是直奔空间定向能力训练场，老老实实地"玩旋梯"、过"滚轮"，不累得气喘吁吁，坚决不退场。

准空姐们的校园生活没这么"劲爆"，反而很是让人羡慕嫉妒，不用学"脑细胞杀手"高数，不用为英语四六级头秃，反而能美美地学礼仪、学化妆、学表达、学如何安抚乘客的情绪……如果不是还有现场急救、体态训练、应急演练等考验体力、耐力、智力的课程来"中和"，小姐姐们肯定每天都被羡慕的"眼刀"刺穿一万遍。

当然，中航大虽然是老牌、专业的航空院校，但并不代表校内就没有其他的专业。只不过，比起飞行技术、空中乘务、交通运输、空中安全保卫、电子信息工程、飞行器制造工程等民航相关专业，经管、外国语等专业不仅占比较小，各项优势也委实不太突出。反而是部分选修课，比如宝石鉴赏、诗词鉴赏、动漫设计、数码摄影等，更受学子们的青睐与钟爱。

总之，在中航大，"吃得苦中苦，方为人上人"，真的不只是励志鸡汤。实训太累、心里太委屈的时候，只要抬起头，看看蓝天上那肆意翱翔的身影，想想在国航、东航、南航、厦航、中电科、中商飞、民航局等领域默默发光发热的师兄师姐、前辈"高人"们，无论是谁，肯定都能立即原地满血复活！

报考和招录须知

● 报考飞行技术、空中乘务、空中安全保卫专业的考生需要提前报名，经过体检、面试、心理测试、资格审核等相应的审查，合格后才有机会被录取。

● 空中乘务专业不招收男生，身高低于163cm的女生需谨慎报考。

● 交通运输、空中安全保卫、飞机机电设备维修、电气工程及自动化专业不招女生。

天津中医药大学

天津

2023年6月，高考志愿填报前夕，天津中医药大学名誉校长、中国工程院院士、"人民英雄"张伯礼深情寄语所有准备填报医学专业的考生："做医生，需要善于学习、终身学习，需要做好一生奉献的准备。"这不是虚言，而是张院士与无数天津中医药大学学子已经践行了多年的人生准则。

融融九月，落叶知秋，坐落在天津市静海区团泊湖畔的天津中医药大学（简称天中）又一次迎来了热闹的开学季。

学子们略显青涩的脸庞上带着三分憧憬、三分好奇、三分向往，还有一分迷茫。没有人知道，未来四年，一千四百多个日日夜夜，在这片校园中究竟会发生多少或欢喜或悲伤的故事；也没有人知道，未来四年，将有多少人在这里重塑信念、拥抱梦想！

走进植物大观园

走进天中，就仿佛走进了一座绚美的植物大观园。

清晨，习习的微风掠过一望无垠的团泊湖面，不经意间，就吹皱了一池春意，粼粼的波光倒映着暖阳。

午后，当草叶上滚动的露珠悄悄地化作折射阳光的霓虹，"植物园"瞬间就调整成了"多人互动"模式。成片的三七草一齐挺起了胸膛；灼灼盛放的金银花相互交缠奏起了梦幻交响；一树又一树的合欢拼接成了一片最烂漫的粉红花海；小伞一样的白芷与妖娆艳丽的白术依旧在无数学子的注目下相爱相杀；白发苍苍的老教授正不厌其烦地教导学生如何区分山茱萸与五味子。

傍晚，习惯了加班的彩霞在夕阳的余晖中彻底陷入狂欢，天中的师生们也开始了一天的浪漫：花田中相约谈谈心，湖畔一起散散步……美景、良辰、要好的同窗，一切都显得那么相得益彰。

自我更新，教学相长

在天中，"善于学习""终身学习"从来都不是励志鸡汤，而是每个人都要掌握的基本技能。

中医药是一门博大精深的学科，传承悠久，源远流长，哪怕是像张伯礼这样蜚声中外的大学者，也不敢说自己彻底了解中医。

"三人行，必有我师焉"，才是中医学界的常态。

所以，如果你在图书馆偶遇正在翻看《中医基础理论》的教授，千万别觉得诧异；在药田里瞅见拿着《本草纲目》、像是"疯魔"了一般喃喃自语的学长和学姐也别大惊小怪。时刻自我更新，本就是天中人的学习常态。

天中32个本科专业中，有近20个与中医药相关，每一门学科都有实践方面的硬性考核。中药学、中医学、药理学、毒理学、临床医学等骨干专业，对实践能力尤为重视，若实践能力不行，即便理论能力再出色，挂科也是分分钟的事。

进德修业，敬畏生命

古语云："医者，治病工也。"自古而今，医与病都是不分家的。

医者的见识、能力、品德、操守，与无数病患的生命、健康息息相关。因此，所有天中学子的开学第一课学的都是敬畏生命。

唯有对生命心怀敬畏，才能谨守本心、身怀赤诚，秉承"进德修业"的校训，在悬壶济世的大道上一往无前地走下去。

目前，天中有五所附属医院，和天津人民医院、环湖医院等都保持着良好、密切的合作关系；只要成绩好、能力强，扎扎实实地打好中医基础，学子们完全没必要为工作的问题烦心。

特别是近年来，随着新冠肺炎疫情的暴发，整个世界都认识到了中医的精深和博大；天中主持研制的"宣肺败毒方""清金益气颗粒""清感饮"等，在新冠肺炎的治疗方面效果十分显著。

因此，中医、中药学也受到了前所未有的关注和重视。不仅国家大力推广中医药，世界也掀起了一场又一场"中医风潮"。曾经不那么吃香的中医学与中医学子在不远的将来必然会迎来属于自己的"黄金时代"。

看到这里，你一定心动了对不对？别犹豫，心动就行动！团泊湖畔，天中在等你！

报考和招录须知

● 对于实施高考综合改革试点的上海、浙江、北京、天津、山东、广东、湖南、湖北、辽宁、福建、重庆、河北、江苏、海南等省区市的招生录取工作，录取时按照各省市公布的改革方案及有关办法执行。考生须满足我校选考科目要求。

● 临床药学（中外合作办学）专业不录取无该专业志愿的考生，无专业调剂环节；英语高考成绩满分为150分的省市，考生所得分数不得低于110分（满分为其他标准的省市，参考该比例执行）。考生需具有较好的听力与口语能力和化学基础。

重庆

重庆大学

重庆大学究竟是一所怎样的大学呢?

不熟悉它的人,看到的只是它山城院校地标、学术泰斗、中国"建筑老八校"之一的无限荣光;熟悉它的人,看到最多的却是它深藏在岁月中的丰富阅历、宠辱不惊的从容气质以及桃李成蹊、灼灼其华的沉厚底蕴。

重庆大学简称重大,在西南高校圈,就是传奇与古老的代名词。整个西南地区,比它资历更老、"校生"更跌宕、往昔更荣耀的院校几乎没有。

自1929年建校以来,重大似乎就自带了"热搜"光环,关于它的新闻一个接一个:1934年,蒋介石携夫人宋美龄到重大视察后,盛赞其有"蒸蒸日上之势";1938年,周恩来总理在重大进行了《第二期抗战形势》的演讲;1945年,由重大工学院院长冯简先生主持修建的国内首座35千瓦短波电台"重庆之蛙"率先播报了日本无条件投降的消息;1960年,重大正式成为全国重点高校之一;1996年,重大入选"211"工程;2001年,重大成为"985"高校;2007年,重大加入"111"计划。真正邂逅重大,你会发现,它就像是一个终极大宝藏,身上的光环数都数不清,各种"财宝"更是怎么挖都挖不完!

湖光塔影,与岁月同行

氤氲着午后温醇的阳光,漫步在重大校园,无论是谁,都会生出几分梦回古代的不真实感。

红窗黛瓦、古色古香的第一教学楼略显斑驳的墙体总倒映着星光;松林坡礼堂边,最不缺的就是清风朗月、鸟语松涛;谁也不知道年近百岁的文字斋里,到底隐藏着多少让岁月凝香的故事;潺潺了千年的嘉陵江把所有的注意力都留给了那座明显带着欧式典雅气质的三层小楼——工学院。

为了纪念爱国民主斗士马寅初而修建的寅初亭,乍一看委实是有些其貌不扬,但亭畔的"梅岭"却是重大风光最浪漫的地方;每年秋季,"梅岭"的香樟树落叶的时候,北门长街外的银杏也会有样学样,用叶子为学子铺出一条求学的诗意长廊。

老校区的民主湖最偏爱春日的阳光,仲春时节,总有芦苇翩翩、东风怡荡;虎溪校区后山的缙云湖却对盛夏一见钟情,每逢夏日,满池的红荷不经意间就与成行的绿柳、成双的天鹅相映成趣。若不是钟塔广场上的大钟每天8点、12点、22点都会准时敲响,湖边读书、作画、背单词、谈理想的重大学子,有一个算一个,肯定都会因为沉浸在波光花影中而成为"迟到大王"。

不过也别担心,穿过饶家院,走过琳琅园,绕过思群广场后,恍然之间,你就能重回"都市时空"。如果腿脚稍微勤快些,跑到D1314教室去溜一圈、打个卡,你就会明白什么叫"窗内是一生一世,窗外是四季流年"。就算是万年单身汪,看着窗外的花海绿树,感受着身边的"甜甜蜜蜜",不知不觉也会破防,开始憧憬一段属于自己的美好爱情。

求实求精，根号 2 的警醒

景不醉人人自醉，说的大概就是重大了！

每时每刻、每分每秒都有美景相伴，重大人居然没有"流连忘返，玩而丧志"，实在是让人不得不钦佩。

难道所有的重大学子都是意志力极强、不被美景迷惑的"超人"？

No! No！

事实上，重大学子之所以能够抵御"美色"的诱惑，最主要的原因有两个：一是重大"求实求精"的学风，二是来自"根号2"的警醒。

重大是个唯美浪漫的校园，可是，作为一座以工科见长的综合型大学，重大的"工科男""工科女"们骨子里还是少了几分浪漫的细胞，比起花前月下、唱情歌、求婚告白，他们似乎更擅长泡图书馆、刷题、编代码、摆弄各种机械。无论是在生活中还是在学习中，他们都兢兢业业、一丝不苟，求实求精的传统早就自动自觉地融入了重大人的血液里。

当然，这个世界上从没有无缘无故的爱恨，也没有天生的朴实与严谨，重大"差一点儿都不行"的严谨根源于一个故事，故事的开端是一个简单的根号2。

在民国时期，重庆大学要建一座图书馆，当时负责图书馆设计的设计师在计算梁柱结构时少写了一个根号2。结果，就因为这个小小的失误，原本计划建设4~5层的图书馆只建了两层就没办法再加高了。为此，校方极为懊恼。从那之后，根号2老图书馆就成为重大教授们教育学子们最鲜活的"反面教材"。

敢不严谨，敢不求实，就问你，来自根号2的"死亡凝视"是怕还是不怕？

报考和招录须知

- 第一批投档的考生，按照分数兼顾志愿的原则，从高分到低分，依次录取；非第一批投档考生，原则上进行专业调剂，调剂不成功退档。

- "强基计划"录取实行单独的录取规则，除学科成绩达标外，考生还需参加学校组织的面试和体试。

- 学校建筑类、电气工程及其自动化、机械设计制造及自动化、临床医学专业的学制为五年，考生在报考前一定要提前了解。

重庆

西南政法大学

西南政法大学是一所怎样的大学呢?

有人说它是法学界的"西南联大",有人说它是中国的"法学黄埔",有人说它是"律师与大法官的摇篮",但事实上,它不过就是那些满心光明、憧憬着人间公正的学子将理想照进现实的地方。

如果法学界也有"江湖"的话，那么，西南政法大学就是妥妥的"神话级"高手，能够参加"华山论剑"的那种。

然而，如此声名赫赫的西政，居然不是"985"，也不是"211"，仅仅是"双一流"。作为中国成立最早的法学高等学府，"五院四系"之一，西政竟然只有30个本科专业、5个学部、15个院系，比一些"晚辈"还要"寒酸"！

这能忍吗？

"能啊！"

无论是沙坪坝校区、宝圣湖校区还是渝北校区的学子，都淡定地点点头。为什么不能呢？博而杂从不是西政的追求，专而精才是。

"法"与"非法"

了解西政的人都知道，在西政，只有两类专业，一是法学专业，二是非法学专业。全校30个本科专业中，国家级一流本科专业就有11个，其中法学学科评级为A，政治与行政学、新闻学、经济法学和诉讼学、国家安全学等学科也十分强势，含金量极高。

作为一所以政法为核心的高等院校，西政也从不掩饰自己对法学学系的偏爱，不仅与最高法、最高检协同共建了多个研究中心，建立了中国法学会法治研究基地，还有一座中西部唯一的国家级司法鉴定中心。与这些相比，各种各样的模拟法庭、大咖讲座和超级齐全的法学类资料与资源，反而显得稀松平常。

你以为这样就完了？NO！为了让自己心爱的孩子们能多开开眼界、涨涨见识，领略一下世界的风景，学校还与其他40多个国家、190多个高校建立了合作关系。只要你足够努力、足够优秀，无论是想去美国凯斯西储大学攻读法学硕士、去英国考文垂大学攻读法学学士，还是去其他高校、机构学习深造，都是一件极简单的事。如此看来，也难怪"非法学"专业的同学们满心羡慕了。

骑着獬豸杀奔"绝望坡"

法学界有五院：中国政法大学、西南政法大学、西北政法大学、华东政法大学、中南财经政法大学。

西南政法大学也有五绝：辩论队、獬豸、绝望坡、美臀树、食堂自习室。

辩论队是真的牛，獬豸是真的萌，绝望坡则真的让人很绝望。

獬豸，咳咳，知道这俩字怎么读不？

不知道？呵呵……自己查字典去！

獬豸是中国神话传说中象征司法公正、光明天下的神兽，能够辨是非、识忠奸、分善恶，形象有些类似麒麟，智商超高，性格也超耿直。

作为法学界的顶流院校，西政校园内当然少不了獬豸的身影。只不过，不知道是不是铸造的时候设计师手抖了、方位偏了，獬豸的目光分毫不差地对准了西政的"超级网红"——美臀树。

美臀树，光听名字就知道造型有多优美了，是不是？

当然，美臀树的造型再怎么优美、神奇，也比不过距此不远的绝望坡，无论爬多少次，都让人绝望。

不过，这也没办法，谁让重庆是山城呢。山城内的大学，校内有一条目测坡度45°，超级高、超级长的大斜坡似乎也不是什么值得大惊小怪的事情。

报考和招录须知

- 报考公安类专业的考生，双眼裸眼视力均不能低于4.7。
- 法学大类的本科新生入学后要重新进行专业分流。
- 高考统招录取时，在实行平行志愿的省份，调档比例控制在1∶1.05以内。原则上不录取无志愿的考生。

重庆

西南大学

　　嘉陵江畔，绿水汤汤，漫卷的波涛澎湃了四季，却冲不掉独属于西南大学的印记；缙云山麓，草树渺渺，盛绽的繁花绚烂了年华，却掩不住西南大学的风姿绝世；九月初秋，天光云淡，踏着尚慢的时光，于山水之间，与西南大学来一场盛大的约会，真的是一件极美好的事。

在全国"百大名校"中，大概没有哪一个比西南大学更恬淡、更没有存在感了。

坐落在嘉陵江畔、缙云山麓的西南大学建校于1906年，不仅是名副其实的百年学府，而且身披"世界一流""985""211""双一流"等诸多光环。按理说，这样的它就算再低调，也应该声名赫赫才对，可事实上，别说在国内了，就是在西南，它的存在感也超级低，隔壁的西南政法、重邮、重大、川美，甚至重师、重理都比它有名气。西南大学102个本科专业中，生物学专业是妥妥的世界一流，基础心理学、生态学、教育学、农学、园艺学等60多个学科也是实打实的国家一流。

校纳百般，有容乃大

西南大学有两大校区，无论是位于北碚区天生路的主校区，还是位于荣昌区学院路的新校区，给人的第一感觉都是大、很大、非常大、超级大！尤其是北碚校区，占地足有8000余亩，与其说是一座校园，倒不如说是一个小城。

"城内"不仅有湖泊、花园、森林、旷野，有教学楼、图书馆、电影院、宾馆、商超、跆拳道馆，还有历史博物馆、天文馆、自然博物馆、地质馆、土壤研究室、行署旧址、名人故居等，百态百业，一应俱全。

"君住西大南，我住西大北。日日思君不见君，共饮嘉陵水"的说法，在这里，真的是一点儿都不夸张。

每年九月开学季，老生们最爱做的事情就是骑着心爱的自行车/小电驴/小电摩从一脸呆萌、揉着脚、悲呼"又迟到了"的新生身边呼啸而过。

不会抓蛇的保安不是好保安

西南大学内有桃、李、杏、梅、楠、橘、竹七大生活区，五湖四林十大花园，你能想象的所有美好：竹影婆娑、花前月下、桃李争春、荷塘秋色、松柏常青、采菊东篱、烟柳画桥、波光云影、芦花飞雪，在这里，都能找到。

不过，或许是因为植被太丰茂、风光太旖旎了，校园内也难免会多出许多"不速之客"，比如藏在树叶间的超大毛毛虫、悄咪咪搬运着食物的小鼹鼠，时不时就召开一次"歌林大会"的喜鹊、黄鹂、椋鸟、白鹭；又如一个又一个懒洋洋晒着日光浴的"喵主子"和它的"骑士汪汪队"；再如潜伏在浓密草丛间的"天生刺客"——蛇。

在西大，会抓蛇已经成了保安的必备技能。没办法，谁让西大是山城高校中有名的"原生态野生动植物园"呢？

缓缓慢慢，时光正好

重庆是一座风风火火的城市，在这里存在了百多年的西南大学却依旧独守着自己的悠然与慵懒，无论做什么都不疾不徐、缓慢坚定。

在西南大学，你看不到任何的行色匆匆，也没什么理由皱起眉头，导师和同学都会告诉你，事情再多、处境再难，也别急，慢慢来，刚刚好。

为了让同学们习惯这里的"慢生活"，学校还专门在中心图书馆里建起了"慢递邮箱"，你可以给未来的自己写一封信，定个小目标，做个小承诺，设置好邮寄时间，等时间到了，自会有人把信寄给你。彼时，见字如面，回忆往昔，不知你是不是依旧不慌不忙，不知你是不是还记得当年多姿多彩的校园时光？

报考和招录须知

- 艺术类、体育类特招生不单独组织校考。
- 学校有6个中外合办专业，分别为：心理学、植物科学与技术、计算机科学与技术、自动化、动物科学和软件工程。

重庆

四川美术学院

如果能翱翔青霄,谁愿意身陷泥沼?如果能光芒万丈,谁愿意蒙尘涂里?如果能在四川美术学院上学,谁会甘心放弃?人间四月,满目芳菲,一个又一个身穿学士服、手捧学位证的青年,不约而同地用灿烂的笑容诠释着八个大字:"我是川美人,我骄傲!"

四川美术学院

坐落于重庆市九龙坡区黄桷坪街108号的四川美术学院（简称川美），既是中国"八大美院"之一，又是西南地区唯一一所高等美术院校。自1940年建校以来，川美就一直是无数艺术学子心目中顶级的"艺术殿堂"。

84载风雨育人路，川美历经过坎坷，遭遇过烽烟，颓废过，也辉煌过，时至今日，它已经成长为拥有25个本科专业，以美术、设计为核心，以艺术人文、影视动画为双翼，造型艺术、实验艺术、建筑与环境艺术等院系协同发展的顶级学府，灼灼光辉，耀人眼目。

打卡"布雷尔城堡"

与大多数"养在深闺无人识"的院校不同，川美很大方，也很大气。

这里既是学府，也是热门旅游景点，一年365天，全天对外开放，从不吝惜自己的美丽。

漫步在川美，就像漫步在绿野仙踪的童话世界。

参天的绿树，成片的花红，随处可见的小清新图画和雕塑，总能让人流连忘返。苍莽古朴的"布雷尔城堡"更是风靡全网的热门打卡地。

别误会，虽然名字中带着"城堡"两个字，但"布雷尔城堡"真的和城堡没什么关系，确切地说，它其实是一座"城门"，一座由斑驳的青砖、布满时光痕迹的石板和奇形怪状的碎瓦片组成的，有一大一小两个"门洞"的"古老城门"。同时，它也是川美的正门。

每年迎新季，都会有无数来自天南地北的学子走进这座门，开始自己五光十色的校园生活；每年毕业季，也会有无数怀揣着梦想的川美老生从门里走出，不问过往、各奔东西，奔赴属于自己的前程。

没有最独特，只有更独特

和"布雷尔城堡"合过影之后，无论是刚报到的小萌新还是满怀好奇的背包客，都可以深吸一口芳香的口气，开始"美一美，更健康"的"审美"之旅。

第一站，美术馆。

美术馆占地约3.2万平方米，馆内典藏着近现代和当代无数艺术名家的书画、雕塑作品，含金量极高。

不过，美术馆最吸引人的永远都是外墙、廊壁上随处可见的各种涂鸦。不同风格的线条，错杂缤纷的色彩，或抽象或神秘的各种形象，即便看不懂，也觉得很酷、很美、很厉害。

所以，在无数外行人眼中，美术馆大概就是川美最独树一帜的地方了，但川美的校友们却知道，川美最有艺术细胞的地方是虎溪公社艺术家工作室和坦库克·重庆当代艺术中心；川美最独特的也从不是建筑，而是一个又一个脑洞爆炸、灵感爆棚的人。

在川美，每个学子都能尽情绽放自己的光芒，无论你的想法多奇诡，你喜欢的艺术多冷僻，无论你的行为多怪诞、衣饰多奇特，都不会有人对你投来异样的眼光。因为大家都知道，艺术就是不一样！

志于道，游于艺

当然，特立独行并不意味着百无禁忌。建校84年来，川美人一直秉承着"志于道，游于艺"的校训，在教导学生立德修身的同时，也将"艺术源于生活"的原则贯彻到底，不仅深入研究各种艺术理论，而且定期或不定期地组织各类游学、写生、展览、设计活动，让学子们能真正地做到知行合一，把知识彻底融入实践。

不是有句古话嘛，是骡子是马，拉出来遛遛就知道。艺术从不是一个人的孤芳自赏，而是无数人的赏心悦目。

每年，川美都会举办大型的"创意集市"活动，在活动中，你可以尽情展现自己的才艺和奇思妙想：冰墩墩造型的小葫芦、成套的重庆地标景观黑白木刻版画、风格各异的油画、仙气十足的国画、各种二次元的雕塑，届时会纷纷亮相。

如果你的创意足够新颖，设计足够亮眼，毕业之前实现"创新+创业+创富"三联，简直不要太轻松。

生活不会辜负所有努力前行的人，川美也不会辜负任何一个艺术家。如果你渴望飞得更高、走得更远，渴望登顶艺术之巅，就来川美吧。选择它，你永远都不会失望。

报考和招录须知

●报考理论类、设计类、造型类专业的考生，须参加所在省（自治区、直辖市）美术学和设计学类的统考。

●学校本科教学仅使用英语教材和英语教学，非英语语种的考生填报志愿时需慎重。

●报考造型类、设计类、书法类专业的考生，需要参加学校单独组织的专业招生考试，考试不合格者，不予录取。

重庆

重庆交通大学

"巴山麓,渝水旁,启程川藏路,艰苦奋斗永不忘。勤研学,工技强,立志在四方,交通天下大道广,甘为铺路石,明德行远做栋梁。甘为铺路石……"盛夏七月,伴着悠扬的校歌声,一封封崭新的录取通知书相继被寄出,又一批重庆交通大学的准学子为人生插上了彩色的翅膀。

在山城重庆，作为西南地区资历较老的交通类院校，即便没有"985""211"的荣光加持，重庆交通大学（简称重交大）的实力依旧非同凡响。20个院系（学部）、64个本科专业、18个硕士学位授权点、4个博士学位授权点，全都是实打实的资源，一点儿水分都不掺！

交融百业，通达万里

"互联网+"是时代发展的大势；"交通+"则是重交大未来百年的发展主流。

重交大20个院系，有3/4是以"交通"为核心展开的。

不信你看：交通+道桥=土木工程学院；交通+水利水运=河海学院；交通+运输=交通运输学院；交通+机电+车辆=机电与车辆工程学院；交通+船舶航运=航运与船舶工程学院；交通+航空=航空学院；交通+文化=旅游与传媒学院；交通+城市=智慧城市学院……交通交通，交融百业、通达万里，从来都不是空话。

特殊的数字，青春的记忆

曾经有人在贴吧中问过这样一个问题：重交大让你印象最深的是什么？

问题下面的留言和回答千奇百怪，其中"487"这个数字出现的频率最高，甚至还有人戏称重交大是中国"唯一一所487大学"。

什么意思呢？

4指4大宿舍区——菁园、雅园、知园、慧园。

8指8大实验班——茅以升班、卓越工程师班、中科曙光菁英班、工程翻译班、BIM+创新实验班、CIMA实验班、交通+艺术新工科实验班、中交道桥渡国际工程班。

7指7千米——1951年，重交大建校之初，办公地点就在南岸区的"七千米"。

当然，关于"487"，在重交大内还流传着各种各样的传说。

当然，这并不代表重交大人觉得自己不行、学校不行，而是一种自我激励的善意调侃。

那些年，那些好老师

事实上，作为西南名校，重交大不仅不缺人脉、不缺资源，师资力量更强悍得出乎预料，1500多名专职教师中有20%的顶尖学者，其中不乏两院院士、五一劳动奖章获得者、最美科技工作者、长江学者、"十百千人才工程"领军人物。

除了学历，重交大的导师、教授不仅在师德方面可圈可点，在育人方面也独树一帜，很多导师都有自己的"绝招儿"：建筑与城市规划学院的董莉莉老师，甘为人梯，将自己当成"铺路石"，为学生们铺出一条通往"设计金字塔"的康庄大道。

在重交大，你会遇到很多的的好老师。四年的时光，有他们相伴同行，真的很幸运，也很幸福！

90%以上的就业率，香不香？

老师不孬，资源不赖，名望不低，圈子不小。如此看来，纵然没有额外的光环加持，重交大学子的毕业后就业率也超高。

毕业就失业？在重交大，根本就不可能！

在重交大，即便是纯纯的"学渣"，只要能毕业，也一定能找到一份不错的工作，60%以上的同学毕业后都能签约国企，中建、中铁、中水这样的巨无霸就不说了，国内，尤其是西南地区，数得上号的大中型、交通类相关企业，都是重交大学子的"主场"，分分钟偶遇"师兄师姐"，"顶头上司是校友"的桥段时不时就要上演一场。

这样的重交大，难道不香吗？条件合适的话，有什么理由不在这里留一份属于自己的大学回忆呢？

报考和招录须知

- 学校有"卓越工程师班""创新实验班""校企联合培养"三种特色培养方式。
- 云南省艺术类考生综合分通过"文化成绩÷文化满分×50+专业成绩÷专业满分×50"的方式计算。
- 学校外国语言文学类专业只招收高考外语语种为英语的考生。

重庆

重庆邮电大学

1950年，东川邮政管理局邮政人员培训班开班。历经传承演变，2006年，学校更名为重庆邮电大学，它通过国防武器科研生产单位二级保密资格认证资格，成为一所"军民结合，寓军于民"的国防科研高校。自此以后，"修德、博学、求实、创新"成为重庆邮电大学的校训。

作为入选国家"中西部高校基础能力建设工程"的高等学府，坐落于重庆市南岸区的重庆邮电大学（简称重邮）一直以来都是天下学子们向往的知识殿堂。

重邮是一所有志向的大学，也是学子们实现理想的地方。在这个囊括工、理、经、管、文、艺、法7个学科、17个学院、61个本科专业的开放式学府，每个学生都可以通过学习让理想成为事业。

修德博学，求实创新

"成为自己、问心无愧、活得坦荡。"

重邮和其他大学最大的不同大概就是永远把"将个人的理想与国家、民族、人类的命运紧密联系在一起，心怀天下，不负此生"放在第一位。在这里，每个学生的开学第一课都是学会修德、博学、求实、创新。

在重邮，从大尺度区域复杂恶劣环境应急通信核心技术与关键装备到复杂环境高可靠移动通信系统研发及应用，从图像认知中的高效特征提取理论和方法研究到多载波无线通信专用芯片及系统，无不展示着重邮学子未来将以何种姿态奔跑在青春的赛道上。"从小我走向大我：不乱于心，不止于行，不负此生"是重邮对重邮学子的殷殷期盼。

要知道，重邮需要每个学生立志于不轻信、不盲从、不流俗，不唯上、不唯书、不唯众，实事求是、探求真相、寻求真理。"踔厉奋发、不负韶华"是重邮作为一所高校的责任，也是每个重邮学子的责任。

"修德博学，求实创新"可谓是求知创新的重邮精神的一种形象而贴切的写照。在这里，学子生逢其时、重任在肩、一路追光、一生坦荡，成为自己平凡人生的英雄。

脚踏实地，砥砺前行

"会泽百家，至公天下"是重邮百年不变的品格。在这里，学子要胸怀家国，定好人生航向；要独立思考，勇于探索创新；要坚毅执着，下苦功做难事；要与友同行，共赴美好未来。

桨板比赛、排球比赛、足球比赛等各种各样的竞赛也是风起云涌，"各路英豪"欢聚一处。

除了比赛，重邮学子们最喜欢扎堆的地方就是各种食堂。学校内的餐厅是学生们最常光顾的地方，其中最受欢迎的要数麻辣烫和盖浇饭。特别是麻辣烫，它独特的红油味道和新鲜的食材吸引了无数学子前来品尝。另外，学校内的餐厅还有各种美食，如烤肉、小龙虾、烤鱼等。这些都是学生们在忙碌的学习之余的小确幸。重庆邮电大学还有一个特色美食，那就是"邮大土豆"。邮大土豆以它酥脆的外皮、软糯的内心和浓郁且口感独特的馅料而深受学生喜爱。除了邮大土豆，学校内还有一些特色小吃，如烤冷面、辣子鸡等。

不止于行，不负此生

曾经有人在知乎上提过一个这样的问题："在重邮上学，是一种什么样的体验？"

其中一个高赞的回答是"花开满园"。

重邮位于重庆主城南山风景区内，坐落在森林公园环抱之中。说起重邮，怎么能不说一说校内的"夺命天梯"呢？学校里有115级台阶的天梯，俗称夺命天梯。重庆邮电大学腾飞门（新大门）即景，从新大门进入之后，便来到了重邮的"樱花大道"。当下晚樱怒放的校园，被云雾与暖风掀起一场或淡粉、或透白的梦幻。无论是凭栏处、倚长凳，繁花似锦伴君行；抑或到旧舍旁、静水边，如梦似幻入人心。旧舍旁的樱花与爬山虎似组成一道明丽生动的拱门，映衬着恬淡岁月。过了樱花大道，右边有一个小山坡，山坡下有一个小池子，一树嫣红填满了崖壁的世界。在这样的风景后面，隐藏了漫山的晚樱美景。这里有亭阁、有阶梯，比起樱花大道，更有细致入微的诗意。

春风正暖，朝阳正好，撷一抹樱香，踏一春芳华，记录闪耀的青春。

报考和招录须知

- 重庆邮电大学的招生方式主要分为高考统招、保送、定向招录、人才培养计划四大类。
- 不同省份、不同区域，招录的分数线和标准不一。高考统招时，报考考生必须达到本省招录的最低分数线。
- 港澳台地区和外国国籍考生在符合招录条件的情况下择优顺序录取。

广州

中山大学

1924年，孙中山先生亲手将广州地区多所高校整合创立国立广东大学，他亲笔题写校训：博学、审问、慎思、明辨、笃行。1926年定名为国立中山大学。历经传承演变，1952年全国院系调整后，原中山大学文理院系与岭南大学文理院系合并，组成新的中山大学，是中国唯一拥有天琴中心的院校。

作为国内"双一流"的百年学府，坐落于广州市的中山大学（简称中大）一直以来都是天下学子向往的知识殿堂。

中大是一所有志向的大学，也是学子们实现理想的地方。在这个拥有哲学、经济学、法学、教育学、文学、历史学、理学、工学、农学、医学、管理学11个学科、33个学院、136个本科专业的开放式学府，每个学生都可以通过学习让理想成为事业。

博学审问，慎思明辨

"博学审问、慎思不罔、明辨笃行、为国栋梁、莘莘学子、济济一堂。"

中大和其他大学最大的不同大概就是永远把"将富强国家、复兴民族大任镌刻于行"放在第一位。在这里，每个学生的开学第一课都是学会博学、审问、慎思、明辨、笃行。

在中大，从国家超级计算广州中心到空间引力波探测的天琴中心，从"中山大学"号海洋综合科考实习船到中国首台具有中高能磁激发谱和声子谱探测能力的材料动力学性质研究谱仪，无不展示着中大学子未来将以何种姿态奔跑在青春的赛道上。"潜心问学，内外兼修，笃行不倦，挥洒青春，无愧于党和国家"是中大对中大学子的殷殷期盼。

青春孕育无限希望，青年创造美好明天。新时代的大学生，既要成为知识的接受者和传播者，更要成为新知的生产者和创造者。

要知道，中大需要每一个学生立志于崇高的理想，致力于以有"闯"的精神、"创"的劲头、"干"的作风，跑出当代青年的最好成绩。"振兴中华"是中大作为一所高校的责任，也是每个中大学子的责任。

"融古汇今、汲东纳西、博大开放、与时俱进"可谓是慎思明辨的中大精神的一种形象而贴切的写照。在这里，师生都有为国求学、努力自爱的拓新治学精神，更有知行合一、聚力笃行、团结合作、砥砺意志、百折不挠、奋勇前行的勇气与志向，致力于"为社会福，为邦家光，勖哉诸君，努力自强"。

在中大，独木不成林、一人难为众，要想做大事，必须团结合作，共同努力。

学以致用，聚力笃行

"聚力笃行"是中大百年不变的品格。

在这里，学子们要勤于思考、善于应用、敢于质疑、勇于创新，努力成长为有理想、有本领、有担当的时代新人。

中大一年一度的"赢在中大"创新创业大赛，每年都会掀起一番激烈的竞争。中国经济发展案例分析大赛、精准医学大数据分析社区开发创新大赛、篮球比赛等各种各样的竞赛也是风起云涌，"各路英豪"欢聚一堂。

除了比赛，中大学子们最喜欢扎堆的地方就是各种食堂。人间有味是清欢，中大的三校区五校园，寻常之中也处处是美食！松涛园的紫苏啫啫鸡是一道经典的粤菜，味美色佳、酱汁香味浓郁，特别下饭，冒着独特的紫苏香气，分量多到扶墙走！来自春晖园的冒菜出锅后，热腾腾的麻辣鲜香扑鼻而来，食物经过汤汁的浸泡浓郁入味，让人食欲满满！第五饭堂的芝士焗饭，简直是众多芝士控的心头爱，浓郁顺滑的芝士包裹着颗颗饱满的米粒，每一粒米饭都包裹着酸甜的酱汁，浓浓的奶香混合着培根的鲜美，口感层次丰富。在中大，许多富有地方特色风味的美食满足来自大江南北的学子的味蕾，让他们尝到家的味道。

勇于担当，绘就青春

曾经有人在知乎上提过这样的一个问题："在中大上学，是一种什么样的体验？"其中一个高赞的回答是"内敛"。

在中大学子心中，最美的去处是红楼。中山大学一共有4个校区，南校区即本部，是以前的岭南大学。又因是康乐公谢灵运的发配之地，故名康乐园。校园内最特别之处，就是迄今仍保留有许多一百年前的民国建筑。这些见证中山大学成长及崛起的红房子，人们也予以其好听的名字：康乐红楼。红墙绿瓦，古朴宁静，可以说十分中大景，七分在红楼。

微山湖是中山大学的一处美丽的景点，它是一个人工湖泊，被誉为中大最美的湖泊。微山湖周围环境非常优美，湖面上漂浮着许多荷花，夏日时节，荷花盛开，构成一幅美丽的画卷。

骄阳正好，风过林梢，夏木扶疏，绿盖如伞，图书馆里的笔尖在纸上雀跃，课室里的师长在授业解惑，楼道间的学子步履匆匆，酝酿着一种明澈的气息，像极了青春的味道。

报考和招录须知

● 中山大学的招生方式主要分为高考统招、保送、定向招录、人才培养计划四大类。

● 不同省份、不同区域，招录的分数线和标准不一。高考统招时，报考考生必须达到本省招录的最低分数线。

● 港澳台地区和外国国籍考生在符合招录条件的情况下择优顺序录取。

广州

华南农业大学

　　1909年,唐有恒创办广东全省农事试验场,1910年农业讲习所正式招生,是我国近现代高等农业教育史上创建最早的学校之一。历经传承演变,1952年,在全国高校院系调整时,由中山大学农学院、岭南大学农学院和广西大学农学院畜牧兽医系及病虫害系的一部分合并,成立华南农学院,1984年改名为华南农业大学。自此以后,"修德、博学、求实、创新"成为华南农业大学的校训。

作为国内"双一流"的百年学府,坐落于广州市天河区的华南农业大学(简称华农)一直以来都是天下学子向往的知识殿堂。

华农是一所有梦想的大学,也是学子们践行理想的地方。在这个拥有农学、工学、管理学、法学、经济学、文学、艺术学、理学、历史学等12个学科、25个学院、104个本科专业的开放式学府,每个学生都可以通过学习让梦想照进现实。

修德博学,求实创新

"昂扬向上、接续奋斗、超越自我。"

华农和其他大学最大的不同大概就是永远把"敢于应对风险挑战,以敢为人先的气概,在新征程不断追求新突破"放在第一位。

在华农,从香稻增香增产关键技术创建与应用到新型碳材料微纳结构调控和性能研究,无不展示着华农学子未来将以何种姿态奔跑在青春的赛道上。

五湖水涨,四海草芳

曾经有人在知乎上提过这样一个问题:"在华农上学,是一种什么样的体验?"

其中一个高赞的回答是"美好"。

到华农来不喝华农酸奶,哪好意思跟人说你来过华农?华南农业大学研制乳制品已有半个多世纪的历史了。早在20世纪30年代,华农的前身岭南大学农学院已开办乳品制造场,拥有奶牛一两百头,这在牧草资源天然不足的岭南已属规模罕见。

华南农业大学有两张名片,其一是三月的紫荆花,其二就是学校"五湖四海一片林"的盛况。

每个华农人耳熟能详的风景承载了青春,指针好似不知疲倦,时刻提醒华农学子求学路上要步履不息,勇毅向前。

报考和招录须知

● 华南农业大学的招生方式主要分为高考统招、保送、定向招录、人才培养计划四大类。

● 不同省份、不同区域,招录的分数线和标准不一。高考统招时,报考考生必须达到本省招录的最低分数线。

● 港澳台地区和外国国籍考生在符合招录条件的情况下择优顺序录取。

广州

南方医科大学

1951年,为适应形势,经军区决定,组建军医学校。1966年,根据总参谋部、总政治部指示,学校改名为"中国人民解放军军医学院",是全国首批、广东省唯一一所"部委省"共建的全国重点大学。历经传承演变,2004年,更名为南方医科大学。自此以后,"博学笃行,尚德济世"成为南方医科大学的校训。

作为国内"双一流"的"部委省"共建学府，坐落于广州市白云区的南方医科大学（简称南医大）一直以来都是天下学子向往的知识殿堂。

南医大是一所拥有医者仁心的大学，也是学子们实现治病救人梦想的地方。在这个囊括理、工、医、文、管、法、经济7个学科、21个学院、29个本科专业的开放式学府，每个学生都可以通过学习让梦想照进现实。

博学笃行，尚德济世

"为党育人，为国育才，传承红色基因，涵育医者仁心。"

南医大和其他大学最大的不同大概就是永远把"人民至上、生命至上、为党育人、为国育才"放在第一位。

在南医大，从创立发展临床应用解剖学到国家级医学形态学虚拟仿真实验，从脑功能研究探测新技术及人工智能仪器研发，到类脑智能与脑机接口4个方向开展基础与应用基础研究，无不展示着南医大学子未来将以何种姿态奔跑在青春的赛道上。"传承红色基因、涵育医者仁心"是南医大对南医大学子们的殷殷期盼。

精雕技艺，追求专深

曾经有人在知乎上提过这样一个问题："在南医大上学，是一种什么样的体验？"

其中一个高赞的回答是"秀美"。

顺德校区拥有风景如画的湿地公园，不知道的人还以为是误入了什么景区。此外，南医大学子还有着独家浪漫，那就是在凌云塔上听着清脆的风铃声，看着日出日落，别有一番滋味。

在南医大这段美好的求学时光，在人生最好的年华成就最好的自己，以青春之我描绘精彩人生，让未来之人生熠熠生辉。

报考和招录须知

- 南方医科大学的招生方式主要分为高考统招、保送、定向招录、人才培养计划四大类。
- 不同省份、不同区域，招录的分数线和标准不一。高考统招时，报考考生必须达到本省招录的最低分数线。
- 港澳台地区和外国国籍考生在符合招录条件的情况下择优顺序录取。

广州

华南理工大学

1918年，广东工艺局创办广东省立第一甲种工业学校，史称"红色甲工"。历经传承演变，1952年，全国高等院校调整时，华南工学院正式组建，是新中国"四大工学院"之一。1988年，华南工学院更名为华南理工大学。自此以后，"博学慎思，明辨笃行"成为华南理工大学的校训。

作为国内"双一流"985的百年学府，坐落于广州市天河区的华南理工大学（简称华工）一直以来都是天下学子向往的知识殿堂。

华工是一所有理想的大学，也是学子们实现最初梦想的地方。在这个囊括理、工、经、管、文、法、医7个学科、39个学院、82个本科专业的开放式学府，每个学生都可以通过学习让梦想照进现实。

博学慎思，明辨笃行

"与祖国同频，与时代同行，请党放心，强国有我。"

华工和其他大学最大的不同大概就是永远把"怀抱梦想又脚踏实地，敢想敢为又善作善成"放在第一位。在这里，每个学生的开学第一课都是学会博学慎思，明辨笃行。

在华工，从研发梅片树产业化核心技术体系到非人灵长类动物（食蟹猕猴）全身器官百万单细胞图谱，从用于被动式直接甲醇燃料电池的热流管理系统到一种可调谐窄线宽单频线偏振激光器，无不展示着华工学子未来将以何种姿态奔跑在青春的赛道上。"殷殷之情俱系华夏，寸寸丹心皆为天下"是华工对华工学子的殷殷期盼。一代代华工人想国家之所想、急国家之所急、应国家之所需。

要知道，华工需要每个学生立志于敢想敢干、埋头苦干、真抓实干、紧抓快干。"挺起民族脊梁，续传民族文脉"是华工作为一所高校的责任，也是每个华工学子的责任。

"立己达人、兼济天下，相信功成不必在我，功成必定有我"可谓是明辨笃行的华工精神的一种形象而贴切的写照。在这里，师生都有"愿得英才三千数，高峰深处共研寻"的拓新治学精神，更有在不同岗位，在强国建设、民族复兴、人类进步的伟大新进程中挺膺担当、奋勇争先的华工精神。

强国复兴，天高地阔

"向下扎根、向阳而生、汲取能量、茁壮成长"是华工百年不变的品格。在这里，学子们要敢于走前人没有走过的路，迸发出青年独有的激情和勇气，争当创新、创造、创业的弄潮儿，交出强国建设、人类幸福、青年何为的新答卷。

华南理工大学一年一度的结构设计挑战赛，每年都会掀起一番激烈的竞争。大学生材料创新大赛、排球比赛、混凝土材料设计大赛等各种各样的竞赛也是风起云涌，"各路英才"欢聚一堂。

除了比赛，华工学子们最喜欢扎堆的

地方就是各种食堂。在广东，早茶文化早已深植于城市的各个角落里，成为一座城市的独有记忆，在饮茶中把华园日子演绎得风生水起。烧腊是必不可少的一味，新鲜出炉的脆皮烧鸭，色泽金黄，酥脆鲜香，连皮带肉一起放入口中，酥脆劲道的双重口感相得益彰，所带来的满足感难以言喻。

回转餐厅的小火锅，可一人尊享，亦可三两好友相聚，在热气腾腾的咕嘟声中，温暖抚慰着我们的身心。广式糖水的清甜凉润，在甜滋滋中感受幸福。一边干饭，一边看剧，舒服的小日子幸福感满满的！上课时，我们是勤勤恳恳的读书人。吃饭时，我们是可爱的追剧人。

仲夏之日，万物葱茂

曾经有人在知乎上提过一个这样的问题："在华工上学，是一种什么样的体验？"其中一个高赞的回答是"底蕴"。

五山校园于1934年初建成，拥有近百年历史传承和深厚的红色文化底蕴。老体育馆由岭南近现代建筑师关以舟、余清江设计，是一幢中外混合式建筑，于1937年竣工，正门门额上"体育馆"三个字为时任国立中山大学校长邹鲁所题。5号楼由岭南近现代建筑师郑校之设计，于1935年竣工，正门四根大棱柱上端绕柱，勾画有山炮、螺旋桨样式的飞机、航空炸弹等武器，表达了师生谋求科技救国、工业救国的热切心声。

位于教学区的韵湖是学生们在日落时拍摄美丽天空的"网红打卡点"，是跑步、滑板和自行车爱好者挥洒汗水的天地。天蒙蒙亮时，在这里还可以听到同学们晨读时富有感染力的声音。下课后，许多学生会来到湖中的一方亭，休闲放松、聊天赏景，也有不少"理工仔"会在湖旁的草坪上野餐，微风吹过湖面，吹起了水波涟漪，也拂去了焦躁的心情。

华南理工大学校园被同学们亲切地称为"华园"，使人在校园里能感受到家一般的感觉。

华园内湖光山色、绿树繁花，民族式建筑与现代化楼群错落有致，文化底蕴深厚，犹如风景名胜一般。

报考和招录须知

- 华南理工大学的招生方式主要分为高考统招、保送、定向招录、人才培养计划四大类。
- 不同省份、不同区域，招录的分数线和标准不一。高考统招时，报考考生必须达到本省招录的最低分数线。
- 港澳台地区和外国国籍考生在符合招录条件的情况下择优顺序录取。

广州

华南师范大学

1933年，教育家林砺儒创办勤勤大学师范学院，1935年更名为勤勤大学教育学院，后历经广东省立教育学院、广东省立文理学院、广东省文理学院等发展时期，成为华南师范学院，是首批国家"世界一流学科建设高校"、国家"211工程"的重点大学。历经传承演变，1982年，华南师范学院更名为华南师范大学。自此以后，"艰苦奋斗、严谨治学、求实创新、为人师表"成为华南师范大学的校训。

理想大学城

作为国内"211工程""双一流"的重点学府，坐落于广州市天河区的华南师范大学（简称华南师大）一直以来都是天下学子向往的知识殿堂。

华南师大是一所有理想的大学，也是学子们实现梦想的地方。在这个囊括哲学、经济学、法学、教育学、文学、历史学、理学、工学、农学、医学、管理学、艺术学12个学科、38个学院、97个本科专业的开放式学府，每个学生都可以通过学习让梦想照进现实。

艰苦奋斗，严谨治学

"请党放心，强国有我，艰苦奋斗，严谨治学。"

华南师大和其他大学最大的不同大概就是永远把"厚植家国情怀，砥砺报国之志"放在第一位。在这里，每个学生的开学第一课都是学会艰苦奋斗、严谨治学、求实创新、为人师表。

在华南师大，从建立"昆虫变态发育的激素和营养调控"的理论模型到准二维钙钛矿边缘态调控方面重要研究成果，从量子网络研究新进展到量子最小作用量原理，无不展示着华南师大学子未来将以何种姿态奔跑在青春的赛道上。"磨炼意志、强壮筋骨、担当重任、有所作为"是华南师大对华南师大学子的殷殷期盼。

要知道，华南师大需要每个学子立志于勇于革故鼎新，敢于挑战禁锢，探索未知领域，引领时代发展，努力推动中国式现代化巨轮乘风破浪、行稳致远。"永不停步，不懈奋斗"是华南师大作为一所高校的责任，也是每个华南师大学子的责任。

"超越小我，成就大我，做胸怀家国的新时代青年"可谓是严谨治学的华南师大精神的一种形象而贴切的写照。在这里，师生都有不甘于平凡，铸就不凡的拓新治学精神，更有勇毅前行、引领示范、开拓创新、久久为功、保持热爱，成为有情有义的"生活英雄"的华南师大精神。

求实创新，为人师表

"求实创新，为人师表"是华南师大百年不变的品格。在这里，学子们要磨炼意志、强壮筋骨、担当重任、有所作为，革故鼎新、敢于挑战禁锢，争当时代变革的弄潮儿，勇于探索未知领域、引领时代发展，胸怀"国之大者"，争当强国建设的生力军。

华南师大一年一度的"桃李杯"师范生班主任能力大赛，每年都会掀起一番激烈的竞争。"青研杯"调研比赛、"田家炳杯"教学技能大赛、羽毛球比赛等各种各样的竞赛也是风起云涌，"各路人才"欢聚一堂。

除了比赛，华南师大学子们最喜欢扎堆的地方就是各种食堂。华南师大（石牌校区）有三个饭堂，雍园、陶园、沁园都久负盛名，各种大众菜肴、经典美食供应不断。从华南师范大学东门往里走，沿途可以看到许多小吃店铺，这里有许多值得品尝的美食。首先必须介绍的是这里的烧烤摊，价格便宜，味道也非常好。烤肉串、烤鸡翅、烤肉片和烤茄子都非常好吃，是学生们放松心情、满足胃口的好去处。

其次推荐的是附近的米粉店，家常米粉味道十分地道，汤汁浓郁，真正做到了汤与米粉相得益彰。此外，这里还有各种口味的凉皮、酱牛肉、卤蛋等小吃，都非常值得品尝。华南师范大学在广州高校食堂的排行中也是名列前茅，真不愧是"华南吃饭大学"啊！

初心赤诚，行则必至

曾经有人在知乎上问过这样一个问题："在华南师大上学，是一种什么样的体验？"

其中一个高赞的回答是"舒适"。

华南师大石牌桥校区的春夏秋冬都好看到"爆"，春有木棉，夏有荷花，秋有异木棉，冬有油画般的厚重而细腻的落羽杉，这些都是只有华南师大人才能看到的景色！

除了让人赏心悦目的石牌校区风景之外，华南师大的图书馆更是热门打卡地，盛夏和期末考前，众多的学子都蜂拥地赶去图书馆，如果你去得晚甚至连位置都没有了。图书馆资源丰富，有300多万本纸质书籍，几十个英文数据库。有沙发、空调、茶水间，每层楼都有几个研讨室，可以为workshop等活动提供空间，而且有多媒体观赏室，提供大屏幕电视、耳机、DVD等。

一番新绿送春来，人间草木皆有灵，闲步自生风，绿草被阶庭。春光水色快人意，风月无边烁青春，同度此光阴。

报考和招录须知

- 华南师范大学的招生方式主要分为高考统招、保送、定向招录、人才培养计划四大类。
- 不同省份、不同区域，招录的分数线和标准不一。高考统招时，报考考生必须达到本省招录的最低分数线。
- 港澳台地区和外国国籍考生在符合招录条件的情况下择优顺序录取。

广州

暨南大学

1906年,两江总督端方上书光绪皇帝,创建暨南学堂。1927年,学校更名为"国立暨南学校",是我国第一所由政府创办的华侨学府。历经传承演变,1978年,暨南大学再度复办。自此以后,"忠信笃敬"成为暨南大学的校训。

作为国内"211工程""双一流"的百年学府,坐落于广州市天河区的暨南大学(简称暨大)一直以来都是天下学子向往的知识殿堂。

暨大是一所有理想的大学,也是学子们实现梦想的地方。在这个拥有哲学、经济学、法学、教育学、文学、历史学、理学、工学、管理学、医学、艺术学等12个学科、37个学院、107个本科专业的开放式学府,每个学生都可以通过学习让梦想照进现实。

忠信笃敬,弘文励教

"爱国情、强国志、报国行。"

暨大和其他大学最大的不同大概就是永远把"成大才、担大任、国家富强、民族振兴"放在第一位。在这里,每个学生的开学第一课都是学会"忠信笃敬"。

在暨大,从建立构筑了胚内早期血管内皮细胞分子特征及动静脉特化的全新模型到首个国家重点研发计划"大气污染成因与控制技术研究",从绘制了从新生到衰弱阶段的人类免疫细胞单细胞转录组和TCR组图谱到利用基于辐射能量转移机制的二硫化钨(WS2)/六方氮化硼(hBN)/WS2异质结实现了对光场的调控,无不展示着暨大学子未来将以何种姿态奔跑在青春的赛道上。"笃行不息、修身立德,秉承爱国奉献的光荣传统,勇担时代使命"是暨大对暨大学子的殷殷期盼。

要知道,暨大需要每个学生立志于凯歌而行,不以山海为远;乘势而上,不以日月为限。

"忠信笃敬、知行合一、自强不息、和而不同"可谓是忠信笃敬的暨大精神的一种形象而贴切的写照。在这里,师生都有踔厉奋发、矢志追梦的拓新治学精神,更有永葆丹心,心怀家国情,永存赤子心,立安邦兴国之志。

坚毅笃行,自强不息

"坚毅笃行,自强不息"是暨大百年不变的品格。在这里,学子们要心如磐石固,志比松柏坚,以坚定的信念、坚强的意志为梦想插上坚韧的翅膀,在广阔天地间无惧风雨、勇往直前地逆风飞翔。

暨南大学一年一度的"赢在创新"大赛,每年都会掀起一番激烈的竞争。中华文化知识竞赛之诗词大赛、田径锦标赛、游泳比赛等各种各样的竞赛也是风起云涌,"英雄豪杰"纷至沓来。

除了比赛,暨大学子们最喜欢扎堆的地方就是各种食堂。恒大楼(教学楼)向外看去就是裕华食堂。全楼共分为三层。一楼的食堂窗口众多,清晨刚起来,你可以选择米面、饺子、包子等中式面点补充体力,开启活力满满的一天。二楼餐厅是

理想大学城

自助餐，桌子上盛放着许多菜品。夜幕降临的时候，夜宵就出炉了，有风味小吃、炒粉、咖喱、炒饭、红薯、米粉等。沿着楼梯向上走，来到三楼食堂，香味更加浓郁。油乎乎的盖浇饭、广东人最爱的肠粉、热乎乎的煲仔饭，真是让人看到都流口水。

可以说，明湖楼是暨大里茶楼级别的饭堂。

凤爪是早茶必点，美味的凤爪一人解决两个都不过分。明湖楼的凤爪，当属于这个范畴。这里的凤爪够大够香，炸制得恰到好处，皮质酥软入味，即便是无牙老爷爷也能轻松吮吸脱骨！

百折不挠，勇敢拼搏

曾经有人在知乎上提过一个这样的问题："在暨大上学，是一种什么样的体验？"

其中一个高赞的回答是"幸福"。

步入石牌校区，就能看到状若长虹的彩虹门巍巍矗立，它既是暨南人内心最柔软的情感密码，也寓意着暨南大学致力于充当传播中华文化、沟通中西文化的彩虹桥梁。穿过彩虹门，走过高大的榕树与木棉，道路尽头是知名的"百年暨南"石碑，后方巨大的金属地球仪上刻着"忠信笃敬"四个字。这是暨南大学校训，更是每一个暨南人立身行事的准则。

暨南大学的校园里长满了紫荆、木棉、羊蹄甲、黄花风铃木、榕树等各类花木。两株羊蹄甲不同根，枝叶却是相互交织，远远望去却好似同根生一般。每年花开的时候，一株开粉花，另一株开白花，两者相依相偎，煞是好看。教学楼前、图书馆外火红的木棉花如期报到，待春日愈暖，朵朵木棉花缀满枝头，红得更加灿烂耀眼。

五洲学生，八方来客，万国墙联结了暨大与五洲四海的情谊，121个国家的名字就像暨南人的一个个足印，行走在广袤的世界版图之上。

朝气蓬勃的青年选择暨南大学，如夏花般灿烂的青春，跨越山海共赴青春之约，在启航新征程里，他们留下了专属的最美青春"暨"忆。

报考和招录须知

- 暨南大学的招生方式主要分为高考统招、保送、定向招录、人才培养计划四大类。
- 不同省份、不同区域，招录的分数线和标准不一。高考统招时，报考考生必须达到本省招录的最低分数线。
- 港澳台地区和外国国籍考生在符合招录条件的情况下择优顺序录取。

成都

四川大学

1896年，四川总督鹿传霖创办四川中西学堂，倡导学习"西文西艺""分课华文、西文、算学"，成为四川古代和近代高等教育的结合点。历经传承演变，1931年，国立成都大学、国立成都师范大学、公立四川大学合并为国立四川大学，是近代中国第一批多科型工科院校。自此以后，"海纳百川，有容乃大"成为四川大学的校训。

理想 大学城

作为国内"985工程""211工程""双一流"的百年学府，坐落于成都市武侯区的四川大学（简称川大）一直以来都是天下学子向往的知识殿堂。

川大是一所有理想的大学，也是学子们实践理想的地方。在这个囊括文、理、工、医、经、管、法、史、哲、农、教、艺12个学科、37个学院、131个本科专业的开放式学府，每个学生都可以通过学习让梦想照进现实。

海纳百川，有容乃大

"承文翁之教，聚群贤英才，锦江黉门，弦歌铿锵。"

川大和其他学院最大的不同大概就是永远把"集思想之大成、育国家之栋梁、开学术之先河、促科技之进步"放在第一位。在这里，每个学生的开学第一课都是学会海纳百川，有容乃大。

在川大，从可控制备新型多重乳液的模块化微流控新技术，到微创介入全降解心血管支架研发关键技术及应用；从高可靠精密滤波传动技术及系统，到肺癌早期精准诊断关键技术的建立与临床应用，无不展示着川大学子未来将以何种姿态奔跑在青春的赛道上。"学以文则民德归矣，素业长承；居其所而众星拱之，明光已播"是川大对川大学子的殷殷期盼。

学校不会限制你觉得有意思的知识，导师也不会像高中那样敦促、强制你学习课业知识。

要知道，川大需要每个学生立志于志士存救国之心，大儒下优贤之榻。承洋务之狂飙，绍文翁之伟业。"弘严谨勤奋之风，得求是创新之绩。唯业界所仰倾，开千江于一脉"是川大作为一所高校的责任，也是每个川大学子的责任。

"世悦其风，国堪以佐。待发千流，更争万舸"可谓是海纳百川的川大精神的一种形象而贴切的写照。在这里，师生都有凭教化之良工、启人文之金锁的拓新治学精神，更有崇文重道、惟精惟心、建学尊师、允备允新的川大精神。

在川大待上一段时间，你就会发现，虽然每天时间都排得很充实，但是，与目标相同的伙伴一起度过，那种夜以继日都在提升自己、增进学识的感觉，令人欢喜。

严谨勤奋，求是创新

"严谨勤奋"是川大百年不变的品格。在这里，培养具有深厚的人文底蕴、扎实的专业知识、强烈的创新意识、宽广国际视野的国家栋梁和社会精英。

川大一年一度的"兆易创新杯"研究生电子设计竞赛，每年都会掀起一番激烈的竞争。课外学术科技节活动之材料设计大赛、乒乓球赛、足球赛等精彩纷呈的竞赛也是风起云涌，各方人才会集在此。

除了比赛，川大学子们最喜欢扎堆的地方就是食堂。校区内有六个食堂——西园一食堂，这里有夜宵，小吃城是唯一从早7点到晚11点都有吃的地方，牛肉馆、馨苑美食广场也有夜宵，西园二食堂位于生活区。东园一食堂靠近研究生宿舍。食堂的菜品丰富多样，胡辣汤、小龙虾、钵钵鸡、花甲米线、冒菜、巴沙鱼等也天天都有。

三月明媚的春光里，四川大学望江校区的木香花开得正好，繁花锦簇中，春意盎然，清香沁人心脾。西五教旁的木香花海，是三月下旬川大最引人注目的春日美景。

四川大学的香雪海还是热门打卡地，在这里，你不需要羡慕别人大学的风景，因为川大的香雪海，星星点点的白色花朵，如雾似海，如梦似幻，美不胜收。

崇尚学术，追求卓越

曾经有人在知乎上提过一个这样的问题："在川大上学，是一种什么样的体验？"其中一个高赞的回答是"卓越"。

明德楼原名一大楼，开始修建于1951年，于2013年5月被命名为"明德楼"，取意于"大学之道，在明明德"，是成都最具有中西文化合璧特色的城市标志性建筑之一，具有浓烈的传统复兴式建筑色彩，被誉为中国高校建筑精品。明德楼总建筑面积为15000平方米，大楼青砖黛瓦，屋脊和檐翼上雕有中国传统神兽。从高处俯瞰，整个大楼宛如一架大型飞机，也因此被称为"飞机楼"。

双荷池在四川大学北大门，进入校门，主干道东、西两侧各有一个大荷花池映入眼帘。荷花池内，荷叶郁郁葱葱，叶面均向南倾斜，朝向太阳的方向；粉红色的荷花竞相开放，更多的花蕾含苞欲放；少量的莲蓬已经长成，有的莲蓬还留在荷花花瓣中间，呈嫩黄色。蓝天、红墙、青瓦与热烈盛开的花海，一起描绘出一幅动人的春日画卷。

报考和招录须知

● 四川大学的招生方式主要分为高考统招、保送、定向招录、人才培养计划四大类。
● 不同省份、不同区域，招录的分数线和标准不一。高考统招时，报考考生必须达到本省招录的最低分数线。
● 港澳台地区和外国国籍考生在符合招录条件的情况下择优顺序录取。

成都

四川师范大学

1923年4月26日，国立东北大学创立于沈阳。1938年3月，因抗日烽火连绵，东北大学迁至四川，1948年，改为"私立川北大学"。历经传承演变，1985年改名为四川师范大学，是中国"中西部高校基础能力建设工程"重点建设高校。自此以后，"重德、博学、务实、尚美"成为四川师范大学的校训。

四川师范大学

坐落于成都市锦江区的四川师范大学（简称师川）一直以来都是学子们向往的知识殿堂。

川师是一所有志向的大学，也是学子们致力发展的地方。在这个拥有文学、理学、工学、哲学、经济学、管理学、法学、历史学、教育学、艺术学、农学等12学科、30个学院、82个本科专业的开放式学府，每个学生都可以通过学习实现理想。

重德博学，务实尚美

"实践创新、笃行不怠、坚守初心、矢志报国。"

在川师，从磁性纳米材料的斯格明子动力学、半金属特性和磁滞回线理论研究，到关于碘氧化铋（BiOI）纳米材料忆阻器的最新研究，无不展示着川师学子未来将以何种姿态奔跑在青春的赛道上。"厚植家国情怀，镌刻时代华章，催生前行力量，增强肩负责任与担当使命"是川师对川师学子的殷殷期盼。

求真循理，慎思知明

曾经有人在知乎上提过一个这样的问题："在川师上学，是一种什么样的体验？"

其中一个高赞的回答是"舒适"。

四川师范大学有三个校区：狮子山校区、成龙校区、遂宁校区。狮子山校区的宿舍是六人间，上床下桌，有阳台，大部分还带有独立卫生间。成龙校区的宿舍分为东西、两个苑，有独立卫生间和饮水机。遂宁校区的宿舍均是四人寝、独卫、两个洗漱台、上床下桌，具有宿舍电梯，大阳台。

这里的幸福指数很高，你听龙湖边每一滴雨落，你看狮山上每一束微光，时间抚平着每一个令你不快的伤疤，这就是你在校园中经历的青春。

报考和招录须知

- 四川师范大学的招生方式主要分为高考统招、保送、定向招录、人才培养计划四大类。
- 不同省份、不同区域，招录的分数线和标准不一。高考统招时，报考考生必须达到本省招录的最低分数线。
- 港澳台地区和外国国籍考生在符合招录条件的情况下择优顺序录取。

成都

电子科技大学

1956年，在周恩来总理的亲自部署下，由交通大学、华南工学院和南京工学院的无线电系合并创建而成的电子科技大学，既是新中国第一所无线电大学，也是七所国防工业院校之一。自此以后，"求实求真，大气大为"成为电子科技大学的校训。

电子科技大学

作为国内"985""211"双一流的百年学府,坐落于成都市高新区的电子科技大学(简称成电)一直以来都是读书人向往的知识殿堂。

成电是一所有志向的大学,也是学子们实现梦想的地方。在这个拥有理、工、管、文、医等12个学科、23个学院、65个本科专业的开放式学府,每个学生都可以通过学习让梦想照进现实。

求实求真,大气大为

"保持一颗好奇心,敢于探索、善于发现、勇于创新。"

在成电,从移动通信用新型氮化物异质结构及电子器件,到时空谱编码耦合与深度网络解耦超限成像技术;从共形承载天馈系统机电综合设计关键技术及应用,到时变非平稳SAR干扰抑制理论与方法,无不展示着成电学子未来将以何种姿态奔跑在青春的赛道上。"携手科成,立志成才,锚定坐标,勇担大任"是成电对成电学子的殷殷期盼。

坚定信念,立足当下

曾经有人在知乎上提过一个这样的问题:"在成电上学,是一种什么样的体验?"

其中一个高赞的回答是"书香"。

成电的清水河图书馆又叫"八角书斋",硬件非常棒,需要刷卡进入。当然,图书馆藏书也不少,一般二楼、五楼工科书籍多,三楼文科是政治和历史书籍,四楼有很多小说以及科幻书籍。

在这里,涓滴成海,星光成电,春日迟迟,卉木萋萋,青春美如画,成电美景伴你行!

报考和招录须知

● 电子科技大学的招生方式主要分为高考统招、保送、定向招录、人才培养计划四大类。

● 不同省份、不同区域,招录的分数线和标准不一。高考统招时,报考考生必须达到本省招录的最低分数线。

● 港澳台地区和外国国籍考生在符合招录条件的情况下择优顺序录取。

成都

成都理工大学

1956年3月15日，国务院批准建立成都地质勘探学院。1958年，学校改由四川省人民政府主要领导。11月更名为成都地质学院。历经传承演变，2001年改名为成都理工大学，是近代中国首批"双一流"建设高校。自此以后，"穷究于理，成就于工"成为成都理工大学的校训。

作为国内"双一流"的理工科高级学府，坐落于成都市成华区的成都理工大学（简称成理）一直以来都是理工科学子们向往的知识殿堂。

成都理工是一所有梦想的大学，也是学子们梦想成真的地方。在这个拥有工、理、管、文、法、教育、艺术等11个学科、20个学院、67个本科专业的开放式学府，每个学生都可以通过学习让梦想照进现实。

穷究于理，成就于工

"长志气、强骨气、厚底气，视野开阔，才思敏捷，从容豁达。"

成理和其他学院最大的不同就是永远把"党指向哪里就奔向哪里，让自己的人生攀登之路与祖国、与时代同向同行"放在第一位。在这里，每个学生的开学第一课都是学会穷究于理，成就于工。

在成理，从白垩纪温室期中的多年冻土遗迹，到颗粒物质非平衡态统计物理研究；从早侏罗世大洋缺氧事件研究，到早二叠世东亚古地理研究，无不展示着成理学子未来将以何种姿态奔跑在青春的赛道上。"在全面建设社会主义现代化国家的伟大实践中，艰苦奋斗、奋发图强，努力肩负起更加艰巨、更加光荣的历史重任"是成理对成理学子的殷殷期盼。

"在勤奋求学中长志气、强骨气、厚底气，视野开阔"可谓是穷究于理的成理精神的一种形象而贴切的写照。在这里，师生既有探索质疑、凝聚共识的拓新治学精神，更有凭借扎实深厚的专业知识、突破陈规的锐气和逢山开路、遇水架桥的魄力，勇做国家科技创新的生力军的成都理工精神。

不甘人后，敢为人先

"躬行义理"是成都理工百年不变的品格。在这里，学子们要不受虚言，不采华名，不兴伪事，以志为方向、以勤为动力，立足本职、埋头苦干，担负历史和时代赋予的新使命。

成理一年一度的"地质+"大学生创新创业大赛，每年都会掀起一番激烈的竞争。中国"互联网+"创新创业大赛、全国大学生光电设计竞赛、"慧笙桥"心理知识比赛等多姿多彩的竞赛也是风起云涌，各路人才齐聚一堂。

除了比赛，成理学子们最喜欢扎堆的地方就是食堂。芙蓉餐厅一楼餐厅价廉、菜齐、物全，二楼清真餐厅满足不同人群需求，环境舒适干净。乘着"小白龙"，银杏餐厅已到站，银杏环墙绕，十里香气飘，银杏餐厅麻雀虽小，五脏俱全，价格实惠，丰富量多，是篮球少年最喜爱的餐厅之一。

理想 **大学城**

六教旁的美食街为桐荫路增添味蕾盛宴，早餐小车沿途停候，即使上课匆匆，也能吃个管够。

成都理工大学博物馆始建于1960年，是中国西部乃至全国享有较高知名度，以地学类藏品为主的自然博物馆，同时也是全国最具影响力的高校博物馆之一。

在这里，你不需要羡慕别人大学的风景，因为成理的博物馆是独有的风景。博物馆里有来自震旦系－寒武系分界"金钉子"麦地坪的生物化石、大型鱼龙化石。

博物馆7万余件藏品中，不乏世界级、国宝级的精品、珍品，在数量和种类上均居中国各大学博物馆之首。

艰苦奋斗，奋发图强

曾经有人在知乎上提过一个这样的问题："在成理上学，是一种什么样的体验？"其中一个高赞的回答是"有趣"。

成都理工有趣的地方在刚进校门不远处的雕像上，该雕像下座刻有成理的校训，上面的塑像手中紧握一把锤子，被成理同学们戏称为"读书顶个锤子用"。话虽如此，但一句课余的调侃只是成理这所"双一流"高校的学子繁忙学习生活的日常调剂。

无论是老校区立于砚湖之上的水上图书馆，还是新校区科技感十足的现代图书馆，都是同学们提升自己的好去处。

在这里，既有趣又好玩，绝无仅有的古生物博物馆、藏书百万的图书馆、琳琅满目的美食餐厅、条件优越的宿舍和景色。在这里，用青春尽情谱写梦想，用汗水用心成就辉煌。

报考和招录须知

● 成都理工大学的招生方式主要分为高考统招、保送、定向招录、人才培养计划四大类。

● 不同省份、不同区域，招录的分数线和标准不一。高考统招时，报考考生必须达到本省招录的最低分数线。

● 港澳台地区和外国国籍考生在符合招录条件的情况下择优顺序录取。

成都

西南财经大学

　　1925年,在"五卅"反帝爱国怒潮中,圣约翰大学及附中572名爱国师生脱离该校,拥戴张寿镛先生筹办光华大学。历经传承演变,1985年,光华大学改名西南财经大学,是唯一一所AACSB商科和会计双认证高校。自此以后,"严谨、勤俭、求实、开拓"成为西南财经大学的校训。

作为国内"211工程""双一流"的百年学府，坐落于成都市青羊区的西南财经大学（简称西财）一直以来都是天下学子向往的知识殿堂。

西财是一所有梦想的大学，也是学子们梦想成真的地方。在这个拥有经、法、文、史、理、工、管理、艺术等11个学科、28个学院、41个本科专业的开放式学府，每个学生都可以通过学习让梦想照进现实。

严谨勤俭，求实开拓

"大爱天下，方能俯仰天地，敢想敢闯，方能成就卓越。"

在西财，从基于遥感卫星数据的全球低碳经济评估与驱动因素分析，到AI工程化KubeAI平台、Quant Plus量化分析平台，无不展示着西南财经学子未来将以何种姿态奔跑在青春的赛道上。"守正创新的胆识、自信自立的气魄，探索未知、勇毅前行，勇当开路先锋、争当事业闯将"是西财对西财学子的殷殷期盼。

学校不会限制你学习选修的知识，导师也不会像高中那样监督、唠叨，你要为自己做好选修计划，执行选修计划。

要知道，西财需要每个学生立志于崇高理想，致力于大爱大为、敢想敢为、善思善为、乐业乐为，把最精彩、最无悔的答卷写进祖国的山川湖海。"强国建设、民族复兴"是西南财经作为一所高校的责任，也是每个西财学子的责任。

敢想敢为，善思善为

"敢想敢为"是西财百年不变的品格。在这里，学子们要明大学之道、立经世之志、修济民之学，让志在千里的新时代青年担当与实现中华民族伟大复兴的中国梦、争创一流的西财梦同频共振、展翅高飞。

西财一年一度的"挑战杯"课外学术科创作品竞赛，每年都会掀起一番激烈的竞争。大学生职业生涯规划大赛、篮球比赛、会计知识地图大赛等精彩纷呈的竞赛也是风起云涌，各路人才欢聚一堂。

除了比赛，西财学子们最喜欢扎堆的地方就是食堂。西财东门外的柳浪湾，人称"东门小香港"，养活了一代又一代嘴馋的西财学子，多少同学为之神魂颠倒。在这里，牛蹄筋面必点！牛蹄筋QQ弹弹、高蛋白低脂肪，汤底味道正，加上小米辣就是爱辣星人的天堂！超适合四川胃的广式煲仔饭，推荐烧肉煲仔饭加蛋！戳破半熟的荷包蛋，金黄的蛋液包裹着粒粒分明的米饭，吃上一口，胃口立刻得到满足。

西南财经大学的银杏叶还是网红银杏叶。银杏之影落于日暮，翻涌金色波浪，轻柔秋日雨涟，微风洒下金粉，把一树金黄颂成一首诗，最美的季节如期而至，书写着时光的生命力，融合了青春的浪漫情怀。

万物并秀，草木有情

曾经有人在知乎上提过一个这样的问题："在西财上学，是一种什么样的体验？"其中一个高赞的回答是"温馨"。

西财的创业大道环线以内为教学区，有教学楼两座，分别为经世楼、颐德楼；其孜楼为图书馆；通博楼为办公楼；滕骧楼为行政楼。西南财经大学的图书馆不仅是登上热搜的"最温馨自习室"，还是西南地区最大的财经文献中心，无数的学子在这里潜心学习。

一楼"财大顶配版自习室"，几张长桌与靠椅简单拼凑，黑白玫瑰地毯、暖黄色灯光、提供饮品和点心，创造了属于西财人的学习天地。二楼以台式电脑居多，专门为需要使用电脑的同学提供便利。三楼的长沙发总能吸引西财人，沙发宽敞且柔软，为西财人提供了阅读时的舒适。四楼木椅散发的檀木香与书香糅合在一起，嗅觉的体验让我们感觉自己仿佛带着书籍闯进了川西高原。五楼的樱花四季纷繁，从未凋落，粉色的花儿春意盎然，如同西财学子永不言败、励精图治的刻苦求学精神。

有雾的晚上，在钟楼下坐着，尔静桥若隐若现，和着微弱的灯光，闻着青草泥土的味道，是最适合放松心情的地方。

报考和招录须知

● 西南财经大学的招生方式主要分为高考统招、保送、定向招录、人才培养计划四大类。

● 不同省份、不同区域，招录的分数线和标准不一。高考统招时，报考考生必须达到本省招录的最低分数线。

● 港澳台地区和外国国籍考生在符合招录条件的情况下择优顺序录取。

成都

西南交通大学

1893年，湖南巡抚陈宝箴向主管此路的王文韶、张之洞提出建议："初勘路时，暂可不用洋工程师。"1896年，山海关北洋铁路官学堂的建立并开始招生。历经传承演变，1972年改名为西南交通大学，是中国第一所工程教育高等学府。自此以后，"精勤求学，敦笃励志，果毅力行，忠恕任事"成为西南交通大学的校训。

作为国内"211工程""双一流"的百年学府，坐落于成都市郫都区的西南交通大学（简称西南交大）一直以来都是天下学子们向往的知识殿堂。

西南交大是一所有理想的大学，也是学子梦想成真的地方。在这个囊括工学、理学、管理学、经济学、文学、法学、艺术学、农学、医学9个学科、27个学院、94个本科专业的开放式学府，每个学生都可以通过学习让梦想成为现实。

精勤求学，敦笃励志

"意志品质，处变不惊、临危不乱，愈挫弥坚、厚积薄发。"

在西南交大，从建造中国第一座现代化大桥——钱塘江大桥的老校长茅以升院士，到25年扎根戈壁滩为核武器事业奋斗终身的陈能宽院士；从被誉为"高速轮轨之父"的沈志云院士，到中国铁路第六次大提速总负责人何华武院士，再到今天奋战在强国建设各条战线上的交大学子，无不展示着西南交大学子未来将以何种姿态奔跑在青春的赛道上。"坚守理想信念，矢志为国为民，满腔热血、义无反顾，为了国家和民族的事业慨然以赴、一往无前"是西南交大对西南交大学子的殷殷期盼。

学校不会限制你学习充满好奇的知识，导师也不会像高中那样监督、唠叨你要学习知识，做好自己的学习计划是第一位的。

"识变之智、应变之方、求变之勇，积蓄创新力量"可谓是敦笃励志的西南交大精神的一种形象而贴切的写照。在这里，师生都有攻坚克难、深耕不辍的拓新治学精神，更有经风雨、见世面、壮筋骨、长才干、想干事、能干事、干成事的西南交大精神。

心无旁骛，静谧自怡

"静谧自怡"是西南交大百年不变的品格。在这里，学子们要在矢志不渝的理想信念中汲取源源不断的动力，在与时俱进的创新求变中积蓄干事创业的能力，在百炼成钢的笃行实干中涵养岿然不动的定力。唯有如此，"强国一代"方能以青春之功铸就强国之路。

西南交大一年一度的"希望之星·艺呼百应"校园才艺大赛，每年都会掀起一番激烈的竞争。"运达杯"体育节师生网球比赛竞赛、青年教师教学竞赛等各种各样的竞赛也是风起云涌，各类人才纷至沓来。

除了比赛，西南交大学子们最喜欢扎堆的地方就是各种食堂。犀浦校区四个食堂的饭菜性价比较高，菜品丰富、制作精良、味道鲜美，风味食品、特色小吃令人应接不暇。几个特色区域人头攒动，排起了一条条长龙，烤全羊、酱汁仔排、锅包肉、三杯鸡、毛氏红烧肉、担担面等热门餐品更是供不应求，能满足来自天南海北同学们的日常饮食需求。

金牛区的西南交通大学九里校区内，紫藤花长廊正在成为新的热门打卡点。蓉城好春光，赏花正当时，绽放的紫藤花火遍全网。

只见紫藤缘木而上，条蔓纤结与树连理，洒下一场紫色梦幻。如此美景，吸引诸多师生纷纷打卡留念。

志存高远，执着理想

曾经有人在知乎上提过一个这样的问题："在西南交大上学，是一种什么样的体验？"

其中一个高赞的回答是"舒适"。

学校有一个中心图书馆，图书馆对面是南门。中间是一块绿茸茸的大草坪，养护得很好。图书馆座位很多，基本除了考试周座位都比较充裕，是那种实木的大桌子，为了防止占座，入馆需要预约，然后刷卡。报告厅也在图书馆，座位相当舒服，音响给力，睡眠质量特好。

峨眉校区的老大爷、老奶奶们的背景十分神秘，因为他们之中有可能是某个领域的大牛甚至是院士。老教授们对这里有说不清、道不尽的情感，因此常常在这里驻足。

在这里，学子既可以在夕阳的余晖下和落日谈心，又可以在犀湖前与黑天鹅开音乐会，在这阳光四溢温暖的早春，生活可谓是蒸蒸日上。

报考和招录须知

- 西南交通大学的招生方式主要分为高考统招、保送、定向招录、人才培养计划四大类。
- 不同省份、不同区域，招录的分数线和标准不一。高考统招时，报考考生必须达到本省招录的最低分数线。
- 港澳台地区和外国国籍考生在符合招录条件的情况下择优顺序录取。

深圳

深圳大学

1983年,广东省政府批复深圳市政府"同意创办深圳大学",北京大学援建中文、外语类学科,清华大学援建电子、建筑类学科,中国人民大学援建经济、法律类学科。1995年,通过国家首批本科教学合格评价,全国首批深化创新创业教育改革示范高校。自此以后,"自立、自律、自强"成为深圳大学的校训。

作为国内著名的高等学府，坐落于深圳市南山区的深圳大学（简称深大）一直以来都是天下学子向往的知识殿堂。

深大是一所有理想的大学，也是学子们实现梦想的地方。在这个囊括哲学、文学、经济学、法学、教育学、理学、工学、管理学、医学、历史学、艺术学11个学科、27个学院、103个本科专业的开放式学府，每个学生都可以通过学习让梦想照进现实。

自立自律，自强不息

"不论顺境逆境，不论进击守成，都要坚定信念。"

深大和其他大学最大的不同大概就是永远把"为党育人、为国育才"放在第一位。在这里，每个学生的开学第一课都是学会自立、自律、自强。

在深大，从建射频异质异构集成全国重点实验室到柔弹性电子技术及其在机器人触觉识别中的应用；从基于复合触觉传感器的物体识别技术到纯有机热活化延迟荧光（TADF）材料能够实现理论上100%的内量子效率，无不展示着深大学子未来将以何种姿态奔跑在青春的赛道上。"所作所为能够为家庭、为社会、为国家有所贡献"是深大对深大学子的殷殷期盼。

要知道，"自立自律，自强不息"是深大作为一所高校的责任，也是每个深大学子的责任。

"树立理想，从容笃定，强国建设，实干担当"可谓是自立自律的深大精神的一种形象而贴切的写照。在这里，师生都有磨炼本领、持续钻研的拓新治学精神，更有走出"舒适区"，肯下"苦功夫"，甘坐"冷板凳"，打磨"金刚钻"，以"实干兴邦""强国有我"的精神面貌投身于祖国建设的伟大事业的信心。

实干兴邦，强国有我

"坚毅笃行，自强不息"是深大百年不变的品格。在这里，学子们不仅可以获取新知、培养创新能力，还可以成年人的方式，与师长、同窗相处，从而实现人格的自我成长与完善。

深大一年一度的广东大学生材料创新大赛，每年都会掀起一番激烈的竞争。深圳市大学生歌手大赛、高尔夫球比赛、乒乓球比赛等各种各样的竞赛也是风起云涌，杰出人才欢聚一堂。

除了比赛，深大学子们最喜欢扎堆的地方就是各种食堂。斋区最老的食堂之一，菜品丰富且平价。这里有各种炸物，还有卤水、烧烤，不仅如此，还有丰盛的早餐和其他点心。糖水铺的西米露和番薯糖水是一绝！二楼有自助麻辣烫和超级好吃的鸡公煲。新开的螺蛳粉和酸辣粉料多到吃不完。菜式很丰富,口味也比较大众。唯一的缺点是不比其他餐厅好吃,却比他们人多,东西卖得超快。

奋斗不息,青春无悔

曾经有人在知乎上提过一个这样的问题:"在深大上学,是一种什么样的体验?"其中一个高赞的回答是"幸福"。

奥体文化广场是深圳大学最为知名的景点之一,这里是全校最为繁华的区域,不仅有广场,周边还有许多商店、餐厅等场所,是学生生活、休闲的好地方。这里还有大片的绿地,树木繁茂,环境非常优美。大活学院是深圳大学的教学与学术交流中心,同时也是一座现代化的教学楼,其外观设计具有现代感。深圳大学图书馆是校园内最为重要的场所之一,拥有成百上千万册图书、期刊和学术论文等,是整个校园内最为安静祥和的地方之一。

校园的大沙河边有几棵白兰,花苞白里透着嫩绿,裹得紧紧的,形状像毛笔头,很有书卷气。淡香从"笔头"里渗出,雅致内敛。过完春节,石斑木就开始开花了,煞是喜人。石斑木老叶深绿,新芽酒红,绿白相映衬。

深大创办于1983年,经历四十余年峥嵘岁月,从曾经的"特区大学""窗口大学"发展成现在的"创业大学""荔枝大学"。在这里,月满荔园,徜徉在智慧的湖边,唱着春天的故事,抒发耕耘的情感,迈向理想的彼岸。

报考和招录须知

● 深圳大学的招生方式主要分为高考统招、保送、定向招录、人才培养计划四大类。

● 不同省份、不同区域,招录的分数线和标准不一。高考统招时,报考考生必须达到本省招录的最低分数线。

● 港澳台地区和外国国籍考生在符合招录条件的情况下择优顺序录取。

深圳

南方科技大学

2010年,教育部批准深圳市人民政府正式筹建南方科技大学。2012年,教育部批准成立南方科技大学,明确其为广东省人民政府管理、深圳市人民政府管辖的公办普通高等学校,是国家"双一流"建设高校、国家高等教育综合改革试验校。自此以后,"明德求是,日新自强"成为南方科技大学的校训。

作为国内"双一流"的高等学府,坐落于深圳市南山区的南方科技大学(简称南科大)一直以来都是天下学子向往的知识殿堂。

南科大是一所自强不息的大学,也是学子们实现理想的地方。在这个囊括理、工、医、管、文、法、经济、教育、艺术9个学科、35个学院、37个本科专业的开放式学府,每个学生都可以通过学习让梦想照进现实。

明德求是,日新自强

"恰逢盛年,建功立业,正当其时。"

南科大和其他大学最大的不同大概就是永远把"继往开来、守正创新、实干兴邦"放在第一位。在这里,每个学生的开学第一课都是明德求是,日新自强。

在南科大,从反式钙钛矿光伏电池领域取得重要突破,到揭示植物DNA甲基化领域新进展;从阐述立体汇聚式N-烷基化领域中取得的新突破,到抗真菌药物全新潜在作用机制,无不展示着南科大学子未来将以何种姿态奔跑在青春的赛道上。"知行合一锻造过硬本领,千锤百炼造就时代英才"是南科大对南科大学子的殷殷期盼。

要知道,南科大需要每个学生立志于提高思辨能力,勇于攀登科学高峰,成就大我的人生价值。"明德求是,日新自强"是南科大作为一所高校的责任,也是每个南科大学子的责任。

"精益求精,追求极致,笃学力行,奋进不息"可谓是自立自律的南科大精神的一种形象而贴切的写照。在这里,师生都有心怀梦想,找准人生航向的拓新治学精神,更有艰苦奋斗、不畏艰难、勇攀科技高峰、自强报国的赤子之心。

心有所信,笃定启航

"心有所信,笃定启航"是南科大百年不变的品格。在这里,学子们以坚定的理想和信念牵引青春奋斗,以深厚的家国情怀标注青春底色,以扎实的知识本领谱写青春华章,立大志、明大德、成大才、担大任,成为担当民族复兴大任的时代新人。

南科大一年一度的ICPC国际大学生程序设计竞赛亚洲区域赛,每年都会掀起一番激烈的竞争。排球锦标赛、足球比赛、围棋锦标赛等各种各样的竞赛也是风起云涌,各路人杰欢聚一堂。

除了比赛,南科大学子们最喜欢扎堆的地方就是各种食堂。南科大校园内共有食堂12个,其中获评广东省A级食堂5个,学生类食堂实现"明厨亮灶"全覆盖。餐厅设有大众菜、风味粉面、风味卤水、川湘粤系小炒、铁锅拌饭、西式套餐、东北炖菜及地方特色小吃等，同时设有素食窗口、餐厅小卖部，此外还进驻了餐饮品牌面点王、肯德基、茶米相期和轩潮汕风味。

西餐厅所提供的西式餐点多种多样，在这里可以尝到如各式扒类、芝士焗饭、红酒烩牛肉等各种经典西式美味。

勤奋执着，常思进取

曾经有人在知乎上提过一个这样的问题："在南科大上学，是一种什么样的体验？"

其中一个高赞的回答是"科技"。

栽下"梧桐树"，引来"凤凰"栖，作为中国最年轻的"双一流"建设高校之一，南方科技大学这匹"黑马"实力非凡，在众多世界大学排行榜中榜上有名。盛夏时节，荔枝飘香。南科大校园内的建筑以新岭南特色为标志，依托"九山一水"自然布局，结合人文精神和实用精神，为每一位南科人留下了宜学、宜研、宜居的最美大学环境。

南科大图书馆于2020年底共建成琳恩馆、一丹馆、涵泳馆三处馆舍。其中，琳恩图书馆是南科大建立最早的、最具标志性的图书馆。叠翠滴绿的夏天，行走在庭院式的人文学院走廊，扑面而来的是那熟悉的气氛。有座雕像立在深圳，名叫"开荒牛"。它代表深圳精神，即敢为人先、勇于探索的精神。南科大的师生们是在另一个领域，用开荒牛的精神向科技尖端突进。

夕照彩霞中，校园里的那棵大榕树枝繁叶茂，擎天立地，生机无限，正如南科大学子的未来，欣欣向荣，生机勃勃。

报考和招录须知

● 南方科技大学的招生方式主要分为高考统招、保送、定向招录、人才培养计划四大类。

● 不同省份、不同区域，招录的分数线和标准不一。高考统招时，报考考生必须达到本省招录的最低分数线。

● 港澳台地区和外国国籍考生在符合招录条件的情况下择优顺序录取。

厦门

厦门大学

1921年，爱国华侨领袖陈嘉庚先生创办了厦门大学，是中国近代教育史上第一所华侨创办的大学，也是国内最早招收研究生的大学之一，设立厦门大学马来西亚分校，成为中国首个在海外建设独立校园的大学，早期建筑入选全国重点文物保护单位和"首批中国20世纪建筑遗产"名录，被誉为"南方之强""中国最美大学"。自此以后，"自强不息，止于至善"成为厦门大学的校训。

作为福建省唯一的一所"985"百年学府，坐落于厦门市思明区的厦门大学（简称厦大）一直以来都是天下学子向往的知识殿堂。

厦大是一所有梦想的大学，也是学子们梦想成真的地方。在这个拥有哲学、经济学、法学、教育学、文学、历史学、理学、工学、医学、管理学、艺术等12个学科、34个学院、104个本科专业的开放式学府，每个学生都可以通过学习让梦想照进现实。

自强不息 止于至善

"大力弘扬嘉庚精神，自觉接过历史的'接力棒'，扎根中国大地。"

厦大和其他大学最大的不同大概就是永远把"干一行爱一行、专一行精一行，成为一名深植初心、深耕事业的实干家"放在第一位。在这里，每个学生的开学第一课都是学会自强不息，止于至善。

在厦大，从"嘉庚号"科考船下海远航到"海丝"星座卫星接连升空，从全球首个戊肝疫苗到全球领先的二十价宫颈癌疫苗，无不展示着厦大学子未来将以何种姿态奔跑在青春的赛道上。"践行嘉庚精神，传承厦大文化，做有爱心、讲情义、懂感恩的厦大人"是厦大对厦大学子的殷殷期盼。

趁着年轻勇敢向前，坚定自己的梦想，走别人没有走过的路，看别人看不到的风景。六月凤凰花开季，校园离别弦歌起，此地前程似锦，天南海北，人生灿烂。

要知道，厦大需要每个学生立志于"国家之富强，全在乎国民；国民之发展，全在乎教育"。"担当复兴伟业"是厦大作为一所高校的责任，也是每个厦大学子的责任。

"始于初心，成于躬行，善思明辨，洞悉本质"可谓是自强不息的厦大精神的一种形象而贴切的写照。在这里，师生都有感恩奉献、薪火相传的拓新治学精神，更有释放青春激情、追逐青春理想，以青春之我、奋斗之我，为民族复兴铺路架桥，为祖国建设添砖加瓦的厦大精神。

在厦大待上一段时间，你就会发现，虽然每天时间都排得很满，但是与志同道合的伙伴一起度过，那种每天都在扩充认知、增长见闻的感觉，真是令人沉醉。

厚积学养，深耕事业

"厚积学养"是厦大百年不变的品格。学子们要在这里勤学奋进，以学盛国强，担起中国文化中枢的责任，为国家和社会服务，走中华民族的路、图谋民族之复兴。

厦大一年一度的"自强杯"大学生课外学术科技作品竞赛，每年都会掀起一番激烈的竞争。科技竞赛、人文知识竞赛、医学竞赛等各种各样的竞赛风起云涌，各路英豪齐聚一堂。

除了比赛，厦大学子们最喜欢扎堆的地方就是各种食堂。"勤业馒头"是首届厦门大学十佳美食排行榜上的第一名，便宜又好吃，每天都有很多人排队购买。另外，一楼的沙茶面也相当赞，小伙伴们可以去尝试一下厦门特有的风味。二楼的烧肉粽也是许多厦大学生的最爱，据说生意也是非常火爆哦！

如果你有吃夜宵的"好习惯"，那海韵无疑就是天堂……海韵周边的街道算得上是真正意义上的学生街，各种小吃、水果一应俱全，物美价廉，充满了生活气息。

大道至简，心有彼岸

曾经有人在知乎上提过一个这样的问题："在厦大上学，是一种什么样的体验？"

其中一个高赞的回答是"闲适"。

厦门大学位于鼓浪屿，而鼓浪屿是厦门市的一个小岛，拥有许多美丽的海滩。其中最著名的是白城海滩，这里有细腻的沙滩和清澈碧蓝的海水，是游泳和日光浴的理想场所。你可以在沙滩上放松、畅游，或者选择尝试一些水上活动，如浮潜或划船。白城海滩还是一个绝佳的观赏美丽日落的地方，这将是一段难忘的经历。

厦门大学图书馆是中国最美丽和最宏伟的图书馆之一。它的建筑风格融合了东西方文化元素，充满现代气息。你可以在这里欣赏到精美的室内设计和宽敞明亮的阅览室。

厦门大学湖是校园内的一片美丽湖泊，四周被翠绿的树木环绕。这是一个理想的散步的地方，在这里你可以尽情放松和享受自然美景。你还可以租一艘小船，在湖上划船，感受宁静的气氛。

在校园里有一条芙蓉隧道，这条路的两侧是墙壁，墙壁上留下了很多学生的涂鸦，有的学生在这里表白，有的学生在这里留下自己的想法，上面有各种各样的文字和语言。这是一条非常有名的人文隧道，也象征着青春和爱国情怀。

报考和招录须知

- 厦门大学的招生方式主要分为高考统招、保送、定向招录、人才培养计划四大类。
- 不同省份、不同区域，招录的分数线和标准不一。高考统招时，报考考生必须达到本省招录的最低分数线。
- 港澳台地区和外国国籍考生在符合招录条件的情况下择优顺序录取。

厦门

集美大学

1920年，陈嘉庚创办集美学校商科，旨在培养商业人才，以期建设新国家。几经变迁，由水产科到水产部、水产航海部、高级航海学校、水产航海职业学校、高级水产航海职业学校。历经传承演变，1994年，在原集美财经高等专科学校、集美航海学院、厦门水产学院、福建体育学院、集美高等师范专科学校五所高校的基础上合并组建集美大学，是大陆唯一获交通运输部海事局批准具有开展台湾船员适任培训资格的院校。自此以后，"诚毅"成为集美大学的校训。

作为国内的一所百年学府，坐落于厦门市集美区的集美大学（简称集大）一直以来都是天下学子们向往的知识殿堂。

集大是一所有梦想的大学，也是学子们梦想成真的地方。在这个囊括经济学、法学、教育学、文学、理学、工学、农学、管理学、艺术学9个学科、20个学院、76个本科专业的开放式学府，每个学生都可以通过学习让梦想照进现实。

回望过往，铭刻序章

"前瞻事物发展，洞察世事纷纭，处世睿智练达。"

集大和其他大学最大的不同大概就是永远把"有全局意识、系统思维，知轻重，慎举动"放在第一位。在这里，每个学生的开学第一课都是学会"诚毅"。

在集大，从漂浮式可移动波浪能发电技术及装置到鳗鲡绿色养殖与高值化加工关键技术及应用，从池塘生物膜绿色养殖技术研发与应用到经济海藻多糖功能化高值利用技术研发与示范，无不展示着集大学子未来将以何种姿态奔跑在青春的赛道上。"成大事者，破心贼、向内求，风物长宜放眼量，胸怀天下、海纳百川"是集大对集大学子的殷殷期盼。

克己是生命中最重要的修炼，克制私欲，豁达奉公；克制贪婪，适可而止；克制冲动，谨言慎行；克制自负，兼听则明。

在克己修身的过程中，所有咽下的委屈将开阔你的格局，所有压缩的欲求将增强你的定力，所有舍弃的利益将拓展你的胸怀，从而使你获得脱胎换骨的成长。

要知道，集大需要每个学子立志于崇高理想，致力于以吃苦耐劳的精神、敢于拼搏的勇气、扎实有效的步伐，跑出当代青年的最好成绩。"担当复兴伟业"是集大作为一所高校的责任，也是每个集大学子的责任。

"舍小我而利公，行大道而忘我，白马秋风塞上，杏花春雨江南"可谓是生生不息的集大精神的一种形象而贴切的写照。在这里，师生都有诚以待人、毅以处世的拓新治学精神，更有要坚持锻炼身体，坚定理想信念，善于向身边的人学习，只争朝夕，不负韶华，为科技强国贡献自己的集大精神。

在集大待上一段时间，你就会发现，这里是青春如歌的殿堂，请你们带上往日的歌声、今日的诗意，舒展明日的画卷。

面向未来，书写正篇

"坚毅果敢"是集大百年不变的品格。 在这里，学子们奋力奔跑在熔铸理想和抱负的青春赛道上，努力成长为勇挑重担、堪当大任的时代新人。

集美一年一度的海峡两岸龙舟赛，每年都会掀起一番激烈的竞争。足球比赛、游泳比赛、篮球比赛等各种各样的竞赛也是风起云涌，各路英豪齐聚一堂。

除了比赛，集大学子们最喜欢扎堆的地方就是各种食堂。食堂的菜品有上百种，一种菜有多种做法，不仅有自助餐，还有荤素水果搭配，而且价格也很便宜！材涂膳厅因为能容纳一万个人同时用餐，又被称为"万人食堂"。餐厅的环境很整洁，绿色的桌布显示出校园的小清新。有肉、有菜、有海鲜、汤和甜品，而且有切好的水果，每天吃都不会重样，因为这里的菜品足足有160多种！作为南方人，汤是每顿饭的必需品，食堂的小铁杯炖汤种类多样，让人垂涎欲滴！

薪火相传，温暖社会

曾经有人在知乎上提过一个这样的问题："在集大上学，是一种什么样的体验？"

其中一个高赞的回答是"热情"。

集美大学建校距今已经一百多年，是一所百年老校，校园里的建筑风格多是中西合璧，既有西式的浪漫，又有中式的雅致。校园占地6300亩，园内种有各种花草树木，还有一个很大的湖泊，风景十分美丽。

各种有趣的建筑以及自然风光构成了集美大学的美景，其中包括闽南风格建筑、中式建筑以及欧式建筑，每一座建筑都写满了故事，等待你来探索。这所大学的历史非常值得我们了解，它是由爱国华侨陈嘉庚亲手创办的，校园里至今还留有陈嘉庚的故居。

100多年前，嘉庚先生创办集美大学，点燃了爱国爱乡的"诚毅"火炬，一代代集大人将它传播到世界的各个角落。今天，火炬已经传递到你们手中，请带着它身行正道、不畏艰难地奔向未来吧！任凭风吹雨打，也要让"集大光"照亮他人、温暖社会、闪耀世界！

报考和招录须知

● 集美大学的招生方式主要分为高考统招、保送、定向招录、人才培养计划四大类。

● 不同省份、不同区域，招录的分数线和标准不一。高考统招时，报考考生必须达到本省招录的最低分数线。

● 港澳台地区和外国国籍考生在符合招录条件的情况下择优顺序录取。

武汉

武汉大学

　　1893年，湖广总督张之洞向清朝光绪帝上奏《设立自强学堂片》。他认为"盖闻经国以自强为本""自强之道，以教育人才为先"，故取"自强"二字创建学堂。历经传承演变，1928年，自强学堂改名为国立武汉大学，是近代中国第一批国立大学。自此以后，"自强、弘毅、求是、拓新"成为武汉大学的校训。

作为国内"985工程""211工程""双一流"的百年学府，坐落于武汉市武昌区的武汉大学（简称武大）一直以来都是天下学子向往的知识殿堂。

武大是一所有梦想的大学，也是学子们梦想成真的地方。在这个囊括哲、经、法、教育、文、史、理、工、农、医、管理、艺术12个学科、34个学院、40个院系、133个本科专业的开放式学府，每个学生都可以通过学习让梦想照进现实。

自强不息，追求卓越

"宇宙无穷，知识无限，担当复兴，共创伟业。"

武大和其他学院最大的不同大概就是永远把"自强弘毅卓立时代潮头，求是拓新担当复兴伟业"放在第一位。在这里，每个学生的开学第一课都是学会自强不息、拓新担当。

在武大，从宇宙中缓缓行进的卫星，到博物馆里承载文化的简帛；从保护公众信息安全的法学天平，到深入基层探索水利发展的足迹，无不展示着武大学子未来将以何种姿态奔跑在青春的赛道上。"不负韶华，不负时代，不负人民，在青春的赛道奔跑，跑出属于我们这代人最好的成绩"是武大对武大学子的殷殷期盼。

学校不会限制你学习自己感兴趣的知识，导师也不会像高中老师那样监督、唠叨，你要为自己做好学习计划并执行。

武大需要每个学生立志于崇高理想，致力于伟大事业，自信自强、守正创新、踔厉奋发、勇毅前行。"担当复兴伟业"是武大作为一所高校的责任，也是每个武大学子的责任，武汉与伟大祖国同呼吸、共命运。

"根深叶茂，实大声洪。山高水长，流风甚美"可谓是生生不息的武大精神的一种形象而贴切的写照。在这里，师生都有锐意进取、勇创一流的拓新治学精神，更有敢破敢立、不拘一格、崇尚创新、敢为人先、锐意进取的武大精神。

在武大待上一段时间，你就会发现，虽然每天都排得满满当当，但是，与共同志向的伙伴一起度过，那种每时每刻都在充实自己、提升自己的感觉，真是令人沉醉。

山高水长，武大甚美

"坚韧刚毅"是武大百年不变的品格。学子们要在这里造成楚材，以学盛国强，担起中国文化中枢的责任，为国家和社会服务，走中华民族的路、图谋民族之复兴。

武大一年一度的"自强杯"大学生课外学术科技作品竞赛，每年都会掀起一番激烈的竞争。科技竞赛、人文知识竞赛、医学竞赛等各种各样的竞赛也是风起云涌，各路英豪齐聚一堂。

除了比赛，武大学子们最喜欢扎堆的地方就是各种食堂。武汉大学的食堂简直是"神仙般"的存在，数量多、质量高，和CBD商圈的餐饮区有得一拼。武汉大学里的食堂，大大小小加在一起有二十多个。其中，学生食堂共12个、特色食堂和餐厅共11个，中西餐汇聚、专门的清真食堂、家常小炒、火锅烧烤、甜点奶茶、时令水果，各种各样的美食应有尽有。

武汉大学的樱花还是网红樱花，在这里，你不需要羡慕其他大学的风景，因为武大的樱花与鸡鸣寺的樱花一样让人印象深刻。

在鸡鸣寺，你等的人终于来了；在武大，你的未来也终于向你走来。在这里，梦想走进了现实。

志存高远，执着理想

曾经有人在知乎上提过一个这样的问题："在武大上学，是一种什么样的体验？"

其中一个高赞的回答是"包容"。

在武大，一定要去看看早上7点的日出，去吹吹清晨的风，去见见林间的鸟，去偶遇神奇的小动物们，清晨的喜鹊成双结对，还可以看花，樱花大道有很多曼珠沙华。

在武大校内和学校周边，还蕴藏了不少宝藏店铺，包括但不限于梅园CBD的开封菜、氧气层、罗森、711；枫园CBD的陕西小吃、灌汤包；工菜的糯米包油条、煎豆腐小土豆、湘菜馆，还有校门口的今天便利店、韩日馆，学校附近的东湖新村、街道口、广八路……

在这里，人美景美，包容万物，海纳百川，清晨的风让你忆起书香，傍晚的霞让你想起梦想，你能真正体会到于樱花大道看日出日落，于曼珠沙华花海品百味人生。

报考和招录须知

● 武汉大学的招生方式主要分为高考统招、保送、定向招录、人才培养计划四大类。

● 不同省份、不同区域，招录的分数线和标准不一。高考统招时，报考考生必须达到本省招录的最低分数线。

● 港澳台地区和外国国籍考生在符合招录条件的情况下择优顺序录取。

武汉

中南财经政法大学

1948年，以邓小平为第一书记的中共中央中原局决定在河南创办一所大学，名为中原大学。7月10日，陈毅担任中原大学筹备委员会主任。8月2日，刘伯承司令宣布中原大学正式成立。次年，中原大学搬到武汉，不久后，改名为中南财经学院。1988年10月，邓小平亲自为学校题名，李先念为校园内的陈毅元帅半身铜像题写了"陈毅"二字。历经传承演变，中南财经学院改名为中南财经政法大学，是中南地区拥有红色基因的院校。自此以后，"博文明理，厚德济世"成为中南财经政法大学的校训。

作为一所具有鲜明红色基因的大学，坐落于武汉市武昌区的中南财经政法大学（简称中南财经）一直以来都是天下英才向往的知识殿堂。

中南财经是一所有红色基因的大学，也是赓续红色血脉育新人的地方。在这个拥有经济学、法学、管理学、哲学、文学、历史学、理学、工学、艺术学等11个学科、20个学院、60个本科专业的开放式学府，每个学生都可以通过学习实现人生抱负，建设伟大祖国。

薪火传承，培根铸魂

"建校为党，成长为国，发展为人民。"

作为党在解放战争时期创办的高校，中南财经和其他学府最大的不同就是永远把"由党创建、建校为党、成长为国、发展为人民"当作建校育人的宗旨。在这里，每个学生的开学第一课是牢记"党办的大学让党放心，人民的大学不负人民"的精神，铭记"无愧于己任、不负于人民"的人生方向。

在中南财经，从月计岁会的会计到物资供求的金融；从税务审计的财政到数据分析的应用统计；从进口出口的国际商务到人人平等的司法法制，无不展示着中南财经学子未来将以何种姿态奋斗在人生的舞台上。"传承红色基因，激扬青春力量，清白做人，行稳致远，无愧于己任，不负于人民"是中南财经对中南财经学子的殷殷期盼。

学校不会限制你学习充满兴趣的知识，导师也不会像高中老师那样敦促、强调，你要自己决定把什么知识当作重点学习，把什么知识当作兴趣学习。

"沧海桑田，青山不老，筚路蓝缕，匡时济世"可谓是风雨七秩正其时的中南财经精神的一种形象而贴切的写照。在这里，师生都有"砥砺德行、守望正义、崇尚创新、止于至善"的办学精神，更有"立德树人、潜心学术、服务社会、传承文明"的中南财经精神。

博文明理，厚德济世

"希贤希圣，经国济世"是中南财经建校的初心。在这里，事财经者为天下经财，绸缪国富民裕；司政法者求世间法正，尽责河清海晏。

中南财经一年一度的"中南杯"大学生计算机设计大赛，每年都会掀起一番激烈的竞争。"声之韵""影像中南""爱乐中南""音乐会""山音竹韵民歌大赛""足尖上的青春校园舞蹈大赛""博文杯""明理杯""挑战杯"等各种项目竞赛也是竞争激烈，各类人才齐聚于此。

除了比赛，中南财经学子们最喜欢前

往的地方就是中南财经的西苑，这里号称"人间小天堂"。窄窄长长的一条小巷子，从街头到巷尾，是满满当当的商铺和小摊。食物五花八门，热了你可以吃冰粉藕粉、冻奶茶，冷了你可以吃生煎、饭团、鸡公煲，如果不冷不热，说明正是四月天，小龙虾红彤彤地摆盘上桌任君品尝。西苑"人间小天堂"的美名远扬，总能吸引许多外校的学生慕名而来，他们逢人就问，"同学你好，你知道中南财经的冻藕粉在哪儿吗？你知道木炭烤肉在哪儿吗？"白天的西苑人不算多，甚至有些寂静，可到了晚上就是一番截然不同的场景。

中南财经政法大学的南湖还是热门打卡地，在这里，你不需要羡慕别人大学的风景，因为这里千只红嘴鸥乘风而飞，夕阳晚照诗意盎然。

应济时需，泽远流长

曾经有人在知乎上提过一个这样的问题："在中南财经上学，是一种什么样的体验？"

其中一个高赞的回答是"温暖"。

在一个百无聊赖的下午，选一本好书，安静地坐在图书馆的窗边。夹杂着周边两江十二湖水汽清新的风萦绕在你笔尖，耳旁轻微的翻书声似乎把你拉回初中时的课堂。看累了，就扭头看看窗外的操场，那些奔跑的身影和洒落的汗水，总是能让你心安温暖，活力无穷。

这是一个把学术氛围、青山绿水和生活烟火气结合得非常完美的地方。你可以看到从门口的538路，到小南湖上的鸭子船；从艺术系的涂鸦，到南苑的笔记一号打印店；从广播台的散文，到文沁楼旁隐约的竖笛声；从西苑的糖炒板栗，到山北杨门口十年还没倒闭的特价清仓。

这里夏荷冬梅，春樱秋桂，风景秀丽，书海飘香，意气昂扬，人才济济。在这里，你能真正体会到于文沁楼里得真知时的兴奋，于南湖旁观人生百态的趣味。

报考和招录须知

● 中南财经政法大学的招生方式主要分为高考统招、保送、定向招录、人才培养计划四大类。其中，人才培养计划包括国家专项计划、高校专项计划、少数民族预科班等。

● 不同省份、不同区域，招录的分数线和标准不一。高考统招时，报考考生必须达到本省招录的最低分数线。

● 港澳台地区和外国国籍考生在符合招录条件的情况下择优顺序录取。

武汉

华中农业大学

1898年，湖广总督张之洞向清朝光绪帝上奏，奏请兴办湖北省农务学堂。他认为"凡民俊秀皆入学，天下大利必归农"，故创建学堂，补其中国农业科学的严重短板。历经传承演变，湖北省农务学堂改名为华中农业大学，是我国最早的近代农科大学之一，开创了我国高等农业教育的先河。自此以后，"勤读力耕，立己达人"成为华中农业大学的校训。

作为国内的高等农业教育起点的百年学府，坐落于武汉市洪山区的华中农业大学（简称华农）一直以来都是青年学子们向往的知识殿堂。

华农是一所有理想的大学，也是学子们学以致用的地方。在这个拥有农、理、工、文、法、经、管等15个学科、17个院系、63个本科专业的开放式学府，每个学生都可以通过学习知识以实践未来。

勤读力耕，立己达人

"明确目标，珍惜时光，发奋学习，不负时代。"

华农和其他大学最大的不同就是把"勤读力耕肩重任，立己达人图自强"当作根脉。在这里，每个学生的开学第一课都是牢记勤读力耕，立己达人。

在华农，从养活数十亿中国人的杂交水稻，到品种创新的杂交棉；从扩产增量的优质柑橘，到改良猪肉的技术创新，无不展示着华农学子怀抱梦想，飞速奔跑，以青春姿态跑好属于他们每个人的接力赛！"与祖国同行、为人民奉献"是华农对华农学子的殷切嘱托。

"脚踏实地、追求卓越，热爱生命、创造美好"可谓是内敛沉稳的华农精神的一种形象而贴切的写照。在这里，师生都有求真崇善、勤奋刻苦、用心于学的创新治学精神，更有勤读为基、力耕为要、修德立己、达人天下的华农精神。

在华农待上一段时间，你就会发现，虽然每天都在跟动植物打交道，但是与理想一致的伙伴一起度过，那种点点滴滴都在拓展知识、钻研科学的感觉，真是令人着迷。

努力拼搏，立志报国

"不张扬、不浮躁、不盲从"是华农百年不变的品格。在这里，培育良才，以农强国，担起乡村振兴、中华复兴的责任，走中国特色农业强国之路。

华农一年一度的"神农杯"大学生课外学术科技作品竞赛，每年都会掀起一番激烈的竞争。"网络虚拟运营"工商专业技能竞赛、程序设计竞赛、"狮子山杯"新生篮球赛等各式各样的竞赛也是如火如荼，各路科技人才济济一堂。

除了比赛，华农学子们最喜欢扎堆的地方就是120亩的鲜花之海，其中5亩的粉黛乱子草是热门景点。每年9月中旬至11月中旬，粉黛乱子草那粉紫色的花穗就像发丝一样悄悄地从根部长出，于是我们就看到了这如红色云雾般的风景。

华中农业大学的涂鸦墙也让人眼前一亮，在这里，你不需要羡慕其他大学的风景，因为华农的涂鸦墙大概有几百米，在整个武汉是很少见的。喜欢街舞、唱歌的人一定也喜欢到这里来耍帅扮酷。

在涂鸦墙下，看着色彩鲜艳又生动有趣的图画，你也许会追忆过去，也许会畅想未来，静享属于你的幸福时光。

修德立己，达人天下

曾经有人在知乎上提过一个这样的问题："在华农上学，是一种什么样的体验？"

其中一个高赞的回答是"认真"。

华农可以说是一方净土，校园虽然相对比较偏，但是有591、571、576三路公交车的终点站都在学校大门口，武汉繁华的地带都能覆盖，出去玩还是比较方便的。总体来说，华农的学生很踏实。科比说过，你见过每天凌晨4点的洛杉矶吗？我想问大家的是：你见过每天早上6点的狮子山吗？我可以告诉大家的是，每天早上6点狮子山广场有很多学子在那儿背英语，雷打不动。每当考研的时候那个地方可热闹了，学子们都在那儿读书。

华农很大，但生活区其实不大，因为教学楼、食堂、宿舍都很紧密。有很多不属于生活区的地方，如南湖边、狮子山、试验田等。花卉基地的花开了，桃花开了，梨花开了，同学们在这里做实验，里面都是他们认真实践的科研成果。

华农被大家最为熟知的，是油菜花。它可是国家级油菜试验基地，菜籽油香不香就看这片田了！还没走近，人们就被大片金黄占了满眼，阳光下金光闪闪，风吹时亮晶晶，场景醉人。

报考和招录须知

● 华中农业大学的招生方式主要分为高考统招、保送、定向招录、人才培养计划四大类。

● 不同省份、不同区域，招录的分数线和标准不一。高考统招时，报考考生必须达到本省招录的最低分数线。

● 港澳台地区和外国国籍考生在符合招录条件的情况下择优顺序录取。

武汉

华中师范大学

1871年，美国圣公会在武汉创办了文华书院。1948年，以邓小平为第一书记的中共中央中原局决定在河南创办一所大学，名为中原大学，文华书院并入中原大学。后来，全国高等院校进行院系调整，华中高等师范学校从中原大学剥离。历经传承演变，华中高等师范学校改名为华中师范大学。自此以后，"求实创新，立德树人"成为华中师范大学的校训。

作为国内"211工程""双一流"的百年学府，坐落于武汉市洪山区的华中师范大学（简称华中师大）一直以来都是九州学子向往的知识殿堂。

华中师大是一所有理想的大学，也是学子们实现抱负的地方。在这个拥有教育、文学、历史、哲学、法学、经济学、管理学、理学、工学、信息科学与技术、生命科学、心理学等28个学科、12个学院、40个院系、75个本科专业的开放式学府，每个学生都可以通过学习让理想成为未来。

求实创新，立德树人

"书以寄理，文以载道，桃红李白，立言立功。"

在华中师大，师生一直明白教育的根本问题是"培养什么人、怎样培养人、为谁培养人"。传道是教师的第一要务和立身之本，无不展示着华中师大学子未来将以何种心态行走在育人成才的道路上。不断树牢"四个意识"，坚定"四个自信"，坚决做到"两个维护"，自觉把个人的理想追求融入党和人民、国家和民族的建设事业之中，这是华中师大对华中师大学子的殷殷期盼。

学校不会限制你学习感兴趣的知识，导师也不会像高中老师那样监督、唠叨，你要为自己做好学习计划并坚决执行。

华中师大需要每个学生立志于传承和弘扬恽代英精神，坚定立场，磨炼意志，争做开启社会主义现代化建设新征程的参与者与建设者，"点亮一盏灯，照亮一群人"是华中师大作为一所高校的责任，也是每个华中师大学子的责任。

在华中师大待上一段时间，你就会发现，虽然每天的课程安排都很紧凑，但是与志同道合的朋友一起度过，那种每一句、每一字都能彼此共鸣、共同进步的感觉，真是令人欢喜。

忠诚博雅，朴实刚毅

"求实创新、为人师表"是华中师大百年不变的品格。在这里育人成才，科教兴国，担起爱国笃志、明德修身、潜心治学、开拓创新、弘文励教、甘于奉献的责任。

华中师大一年一度的青年教师教学竞赛，每年都会掀起一番激烈的竞争。华大之悦教职工羽毛球赛、华研杯排球赛、文华杯篮球赛、格物杯知识竞赛等各有特色的竞赛也是风起云涌，各方人才会聚而来。

除了比赛，华中师大学子们最喜欢扎堆的地方就是桂中路。桂中路西起牡丹园，东至桂苑宾馆，这条贯穿校园的主干道是华师人的人文路、奋斗路和精神路。走在桂中路上，你会看见古色古香的教学楼、

理想大学城

历史浓厚的文华公书林、宁静庄严的恽代英广场、活力四射的博雅广场等建筑和景点。春思缱绻，盛夏有荫，秋桂闲落，冬裹素锦，这就是华中师大。华中师大最美的地方就是银杏林，每到秋天，云天收夏色，暮叶动秋声，悄然换新颜。银杏是华中师大秋冬的明信片，那阳光般温暖的金黄色，渲染出动人的秋日童话。

学以致新，师者育人

曾经有人在知乎上提过一个这样的问题："在华中师大上学，是一种什么样的体验？"

其中一个高赞的回答是"幸福"。

入校的时候面对校训石，抬头见山，脚下是路，校训石是大学生活的起点；毕业的时候与校训石告别，回头望望桂子山，念兹在兹，向前看看人生路，愈加宽敞。恽代英广场中的汉白玉雕像恽代英左手托书，右手自然下垂，深邃的目光总能给行人传递深思的力量，雕像周围总有鲜花以及鲜花一样灿然而坚定的笑脸。

暖暖的阳光洒在青青草坪上，草坪上神情愉悦的人们或漫步着，或静躺着，或三两个围坐着，这场景是博雅广场不可忽视的一道风景线。沿着恽代英广场向下走，穿过桂花长廊就是露天电影院。

在这里，初心如磐，使命在肩，师者育人，载梦前行，立德树人，赓续传承。桂子山的路让你记起初心，桃李源的景让你憧憬未来，你能真正体会到于桂花长廊品电影百态人生路，于博雅广场听精忠报国心。

报考和招录须知

- 华中师范大学的招生方式主要分为高考统招、保送、定向招录、人才培养计划四大类。
- 不同省份、不同区域，招录的分数线和标准不一。高考统招时，报考考生必须达到本省招录的最低分数线。
- 港澳台地区和外国国籍考生在符合招录条件的情况下择优顺序录取。

武汉

华中科技大学

1953年,国家将筹建中的华中机械学院、中南动力学院合并为一校,机电互补,华中工学院建立。历经传承演变,华中工学院改名为华中科技大学,是近代中国唯一的一所城市建设专业的高等学校。自此以后,"明德厚学,求是创新"成为华中科技大学的校训。

作为国内"985工程""双一流"的工科类学府,坐落于武汉市洪山区的华中科技大学(简称华科大)一直以来都是莘莘学子向往的知识殿堂。

华科大是一所有梦想的大学,也是学子们梦想成真的地方。在这个囊括哲学、经济学、法学、教育学、文学、理学、工学、医学、管理学、艺术学、交叉学科11个学科、51个院系、117个本科专业的开放式学府,每个学生都可以通过学习实现人生理想。

明德厚学,求是创新

"立身以立学为先,立学以读书为本。"

华科大和其他学院最大的不同大概就是永远把"坚定理想信念,矢志科技报国"放在第一位。在这里,每个学生的开学第一课都是学会顶天立地、明德厚学、求是创新。

在华科大,从研制出世界首创的"对流增强型自分层储能电池"到探索学术前沿,从研发出国内首套可商用化井下远距离无线通信装置到奉献国防军工,无不展示着华科大学子未来将以何种姿态握紧"接力棒",为国家建设贡献自己的一份力量。

"生逢其时、重任在肩、施展才干、勤奋求是、团结创新、笃行有为、材料强国"是华科大对华科大学子的殷殷期盼。

学校不会限制你研究新型材料的热情,导师也不会像高中老师那样手把手教你如何设计实验并实施计划,但是导师会给你提供一个设计实验的思路,让你事半功倍。

要知道,华科大需要每个学子立志于牢记历史使命,担当时代重任,争当时代新人。"与共和国同行,与新时代共进"是华科大作为一所高校的责任,也是每个华科大学子的责任。

"敢想敢为、善作善成、敢当大任、勇攀高峰"可谓是勇于攀登的华科大精神的一种形象而贴切的写照。在这里,师生都有奋楫笃行、拼搏奋斗的拓新治学精神,更有为党育人、为国育才,为把科技的命脉牢牢掌握在中国人自己手中,体现高水平科技自立自强的华科大精神。

在华科大待上一段时间,你就会发现,虽然每天的课程都排得很满,但是与想法相同的伙伴一起度过,那种逐步验证设想、实践设想、获得成果的感觉,真是令人着迷。

使命担当,科技兴国

"求真务实"是华科大建校至今不曾改变的品格。在这里,百年树人,以科技强国,为党和国家培养红色工程师,为新时代培养卓越工程师。

华科大一年一度的节能减排社会实践与科技竞赛,总会掀起一番激烈的竞争。

华工杯足球比赛、羽毛球团体赛、团结杯乒乓球比赛也是风起云涌，八方人才会聚在一起。

除了比赛，华科大学子们最喜欢扎堆的地方就是餐厅。"吃在华科大""名声在外"。沿着东一路步行到达餐厅，石锅拌饭、麻辣鸡意面、铁板面、汤包……人均20元就能吃得肚子饱饱。若是吃过正餐还想溜溜缝，就去隔壁的华科大集贸市场，那是华科大学子的专属"小食堂"，水果、奶茶、蛋糕、小吃……应有尽有。下午，到青春气息浓厚的青年园逛逛。这是一处占地4万平方米的校内园林。树木葱茏，石板路古朴静谧。

在华科大，你可以体会到卧看牵牛织女星，月过梧桐树影的美景，静享青春最美的年华。

知行合一，道器兼修

曾经有人在知乎上提过一个这样的问题："在华科大上学，是一种什么样的体验？"

其中一个高赞的回答是"务实"。

校园里的设施很全，能探索的地方很多。春季有玉兰林，秋季有菊花，毕业季有图书馆前的夏荷满校的绿荫。这时，韵苑新种的向日葵已经全开了，看起来很美。华科大的春天，往往以迎春怒放，玉兰含苞开始，以石楠飘香，梧桐飞絮结束。

华科大的学习氛围浓郁。五一国庆等节假日，自习室、图书馆也有很多人在学习。自习室有免费的空调，待上一天不在话下。华科的路方方正正，有棱有角，基本上就是经纬线，华科大的教授和学生也是坦坦荡荡，凭真本事评奖评优。学子们在这里，知行合一，道器兼修，务实求真。梧桐的雨让你欣赏美景，玉兰的美让你珍惜年华，你能真正体会到于理工书海中掌握一身本领的充实，于道器兼修中完善吾之所学的快乐。

报考和招录须知

● 华中科技大学的招生方式主要分为高考统招、保送、定向招录、人才培养计划四大类。

● 不同省份、不同区域，招录的分数线和标准不一。高考统招时，报考考生必须达到本省招录的最低分数线。

● 港澳台地区和外国国籍考生在符合招录条件的情况下择优顺序录取。

中国地质大学（武汉）

武汉

1952年，将北京大学地质学系、清华大学地学系、天津大学（原北洋大学）地质工程系和唐山铁道学院（现西南交通大学）采矿系地质组以及西北大学地质系合并成北京地质学院。历经传承演变，北京地质学院改名为中国地质大学，武汉、北京两地办学，总部设在武汉，是近代中国唯一一所地科专业的高等学校。自此以后，"艰苦朴素，求真务实"成为中国地质大学的校训。

作为国内"211工程""双一流"的地科类学府，坐落于武汉市洪山区的中国地质大学（简称地大）一直以来都是学子们向往的知识殿堂。

地大是一所有理想的大学，也是学子们深研地质的地方。在这个拥有理学、工学、文学、管理学、经济学、法学、教育学、艺术学等16个学科、23个院系、69个本科专业的开放式学府，每个学生都可以通过学习深度了解地球科学。

艰苦朴素，求真务实

"山河锤炼地质梦，潜心探索攀新峰。一把地质锤，凿山开路辟通。"

在地大，从西准噶尔克拉玛依后山地区测绘，建立测区岩石地层单位和年代地层构架，到独立研发MAPGIS（地理信息系统）软件为神舟飞船的"返回搜救系统"提供服务平台；从找到奥陶纪的笔石化石和武威的海相化石，首次确定我国有早石炭世晚期地层，到成功绘制仰韶村遗址地形图和仰韶村南部等高线图，无不展示着地大学子未来将以何种姿态赓续地质梦，为国家建设贡献自己的一份力量。"品德优良、基础厚实、知识广博、专业精深"是地大对地大学子的殷殷期盼。

学校不会限制你学习自己感兴趣的地质知识种类，导师也不会像高中老师那样叮嘱、唠叨，你要为自己确定知识学习的方法并执行。

"面向国家重大需求，精益求精探新知。探索浩瀚星辰，坚定地质信仰"可谓是求真务实的地大精神的一种形象而贴切的写照。在这里，师生都有志存高远、脚踏实地的拓新治学精神，更有红心向党、学以报国、请党放心、强国有我的地大精神。

在地大待上一段时间，你就会发现，虽然每天的课程都排得满满的，但是与志向一致的伙伴一起度过，那种每字每句皆有共鸣、见解一致的感觉，真是令人幸福。

梦想远大，作风朴实

"知行合一"是地大建校至今不曾改变的品格。在这里，积极传承红色基因，打造"三全育人"的标杆，培育新时代生态环保铁军，为"美丽中国，宜居地球"建设作出积极贡献。

地大一年一度的大学生测绘学科创新创业智能大赛，每年都会掀起一番激烈的竞争。"地大杯"排球赛、大学生物理学术竞赛、能源知识竞赛也是风起云涌，各类英杰齐聚一堂。

除了比赛，地大的网红隧道是中国大学里的唯一一个隧道。隧道连接北区和西区两个校区。隧道位于东湖之滨的南望山正下方。300多米长的隧道，冬暖夏凉。

逸夫博物馆是全国第一个大学校园里的国家4A级旅游景区，主要展出矿物、岩石、古生物化石等地质标本。博物馆里有很多大型的恐龙化石，还有各种珍贵的珠宝玉石。

中国地质大学的化石林是热门打卡地，在这里，你不需要羡慕别人大学的风景，因为地大的化石林是唯一一个拥有从寒武纪到第四纪化石的地方。

在地大，你可以体会到节物风光不相待、桑田碧海须臾改的地质变迁，更能明白神仙渺茫不可见、桑田沧海几变迁的深意。

仰望星空，脚踏实地

曾经有人在知乎上提过一个这样的问题："在地大上学，是一种什么样的体验？"

其中一个高赞的回答是"朴素"。

地大的建筑绝对配得上"艰苦朴素，求真务实"的校训，老校区的建筑大多外表老旧，里面的座椅也是较早之前的座椅，坐上去"咯吱咯吱"地响。刚入学的时候，总有些失落，有时候还忍不住吐槽几句学校简陋的设施，后来渐渐习惯了这种朴素的感觉，甚至越来越觉得亲切。

在这里，品德高尚、基础扎实、专业精深、知行合一，百米隧道让你感受清凉，化石林让你感叹岁月，你能真正体会到于地质科学中探索岁月变迁的快乐，于艰苦朴素中享受科技探索的魅力。

报考和招录须知

● 中国地质大学的招生方式主要分为高考统招、保送、定向招录、专项计划四大类。

● 不同省份、不同区域，招录的分数线和标准不一。高考统招时，报考考生必须达到本省招录的最低分数线。

● 港澳台地区和外国国籍考生在符合招录条件的情况下择优顺序录取。

长沙

湖南大学

976年，岳麓书院创办。1903年，岳麓书院改制，与湖南省城大学堂合并，在旧址上成立湖南高等学堂。历经传承演变，湖南高等学堂改名为省立湖南大学。1950年由毛泽东亲笔题名，是唯一一所举行抗战胜利受降仪式的中国大学。自此以后，"实事求是，敢为人先"成为湖南大学的校训。

理想大学城

作为国内"985工程""211工程""双一流"的千年学府,坐落于长沙市岳麓区的湖南大学(简称湖大)一直以来都是读书人向往的知识殿堂。

湖大是一所有梦想的大学,也是学子们实现理想的地方。在这个囊括哲学、经济学、法学、教育学、文学、历史学、理学、工学、管理学、医学、艺术学11个学科、27个学院、78个本科专业的开放式学府,每个学生都可以通过努力学习成就未来。

实事求是,敢为人先

"传科学之大道,济天下之万民,经现实之世务,致时代之重用。"

在湖大,从海岛/岸基高过载大功率电源系统关键技术与装备及应用,到高导热油基中间相沥青碳纤维关键制备技术与成套装备及应用;从出土文献与中国古代文明研究协同创新中心,到面向多AI并发的高效异步并行处理技术及其超声影像实时智能判读应用,无不展示着湖大学子未来将以何种姿态在经世致用的道路上奔跑。

"经世致用,实事求是,一切从实际出发,一生与真理同行"是湖大对湖大学子的殷殷期盼。

在这里,师生都有追求真理、刻苦钻研、勇于实践的拓新治学精神,更有心怀社稷,经世致用,传道济民,兼济四方,以萤烛末光,增辉日月的湖大精神。

在湖大待上一段时间,你就会发现,虽然每天时间都排得非常满,但是,与志同道合的伙伴一起度过,那种每时每刻都在提升自己、开阔眼界的感觉,真是令人开心。

奋志安壤,振兴中华

"博学、睿思、勤勉、致知"是湖大千年不变的品格。在这里,同学们胸怀天下,把握历史之脉,顺应时代之势,响应国家之呼,勇做有新思想观念、新知识本领、新精神风貌的时代新人。

湖南大学一年一度的机械创新设计大赛,总会掀起一番激烈的竞争。数学建模竞赛、大学生科技创新创业大赛、中国高校智能机器人创意大赛、"新生杯"英语演讲比赛等各种各样的竞赛也是风起云涌,四方人杰应邀而来。

除了比赛,湖大学子们最喜欢扎堆的地方就是后湖国际艺术园。它位于岳麓山下、湘江之滨,是个依托水色风光,集休闲、文艺、风情等于一体的国际化艺术园。三所高校环绕着这片近600亩的水域。江水澄澈,倒映出这端岳麓山秀丽,那片楼宇群壮阔。

湖南大学的岳麓书院还是热门打卡地,在这里,你不需要羡慕别人大学的风景,因为湖大的岳麓书院是千年学府,这里有全国唯一一个书院专题的博物馆。

岳麓书院大门的"惟楚有材,于斯为盛"楹联,正是岳麓书院千年以来人才辈出的真实写照。

探求真理,追求卓越

曾经有人在知乎上提过一个这样的问题:"在湖大上学,是一种什么样的体验?"

其中一个高赞的回答是"底蕴"。

在湖大读书,首先要提的当然是"在5A景区上学",本校学生可以凭借校园卡免费游览岳麓书院,每年各学院也会组织新生参观岳麓书院。感受历史文化底蕴自然不用多说,还让人大饱眼福。除了岳麓书院,湖大还坐拥岳麓山这座后花园。每年深秋枫叶红的时候,爬山的人最多。毛泽东的雕像矗立在东方红广场的正中央,背岳麓,面湘江,问苍茫大地,谁主沉浮。斜对面是自卑亭,所谓行远自迩,登高自卑,不动声色的高调。

在吃、喝、玩、乐这几个方面,麓山南路从来没输过。北校周边虽然不如麓山南路繁华,但也有很多小吃摊,关东煮、烤冷面应有尽有,奶茶店也很齐全。

在这里,岳麓书院,惟楚有材,于斯为盛,夏看日出,隆冬赏雪,春日小雨,秋昏红枫,你能真正体会到于岳麓书院品千年底蕴,于百花绽放观青春绚丽。

报考和招录须知

● 湖南大学的招生方式主要分为高考统招、保送、定向招录、人才培养计划四大类。

● 不同省份、不同区域,招录的分数线和标准不一。高考统招时,报考考生必须达到本省招录的最低分数线。

● 港澳台地区和外国国籍考生在符合招录条件的情况下择优顺序录取。

长沙

湖南师范大学

1938年，国立师范学院建立，1953年8月院系调整，成立了湖南师范学院。历经传承演变，1984年，湖南师范学院改名为湖南师范大学，是湖南省一所"双一流"师范类大学。自此以后，"仁爱精勤"成为湖南师范大学的校训。

作为国内"211工程""双一流"的师范类学府，坐落于长沙市岳麓区的湖南师范大学（简称湖南师大）一直以来都是学子向往的知识殿堂。

湖南师大是一所有梦想的大学，也是学子们梦想成真的地方。在这个拥有哲学、经济学、法学、教育学、文学、历史学、理学、工学、医学、管理学、艺术学等12个学科门类、29个学院、92个本科专业的开放式学府，每个学生都可以通过勤奋学习实现梦想。

仁爱精勤，立德修身

"用青春和汗水守护国旗，用信仰和生命传承使命。"

在湖南师大，从植物发育与分子生物学研究团队对模式植物拟南芥几个耐逆相关基因的功能，到水介质中"反应-分离"耦合催化新材料与新方法研究；从人类精原干细胞自我更新与分化为精子细胞的分子机制研究，到北斗高精度时频信息测量关键技术及应用，无不展示着湖南师大学子未来将以何种姿态在仁爱精勤的道路上奔跑。"与时代同步，与中国同心，努力成为发光发亮的教师"是湖南师大对湖南师大学子的殷殷期盼。

学校不会限制你学习课外知识的计划，导师也不会像高中老师那样安排、强制，你要实时为自己制订课外知识学习计划并执行。

"勤奋治学、善于思考、勇于探索、敢于创新、夯实专业"可谓是仁爱精勤的湖南师大精神的一种形象而贴切的写照。在这里，师生都有勇于探索、不懈奋斗的拓新治学精神，更有"知责任者，大丈夫之始也；行责任者，大丈夫之终也"的湖南师大精神。

在湖南师大待上一段时间，你就会发现，虽然每天的学习都安排得满满当当，但是与梦想一致的伙伴一起度过，那种内心所想都有同行者、继往圣绝学的使命感，真是令人幸福。

心怀大我，心系苍生

"知善致善，心怀大我，心系苍生"是湖南师大百年不变的品格。在这里，同学们知善致善，饮水思源，道不坐论、德不空谈，内心充盈，身体力行。

湖南师大一年一度的"湘师·万婴杯""未来教育家"竞赛总会掀起一番激烈的竞争。"考德上杯"行政素质能力大赛、"正大杯"第十二届全国大学生市场调查与分析大赛、"金域检验杯"基本实验技能操作比赛等各种各样的竞赛也是风起云涌，各路人才会聚而来。

除了比赛，湖南师大学子们最喜欢扎堆

的地方就是湖南师大图书馆。湖南师大图书馆是全国知名的图书馆之一，拥有丰富的藏书和先进的设备。这里不仅是学生学习的场所，也是游客观光的好去处。在这里，你可以看到各种各样的书籍和资料，感受到知识的无穷魅力。

在湖南师范大学校园内，你可以参观岳麓山抗战文化园、麓山忠烈祠、廉心公园等景点，而且旁边有著名的桃子湖景点。镕园取名自杰出校友朱镕基，园内四株古樟遮天蔽日，华盖亭亭，浑然一体，见证附中百年风雨和今日辉煌。

在这里，你不需要羡慕别人大学的风景，因为湖南师大是毛主席的母校，是毛泽东初心形成地，也是毛泽东思想的萌芽地。

追逐梦想，不懈奋斗

曾经有人在知乎上提过一个这样的问题："在湖南师大上学，是一种什么样的体验？"

其中一个高赞的回答是"温暖"。

湖南师大静卧岳麓山，毗邻湘江河，桃子湖的莲叶田田，岳王亭的涟漪阵阵，木兰路的星星点点，都是每一个湖南师大人心底最温存的图景。住在江边吃食最多的地方就是油烟街，其实那是一条破破窄窄的小路，但小路上开了很多店，有许多好吃的。桃子湖里也有一些诸如星巴克、茶颜悦色、汉堡王之类的店。麓山南路在师大这边左右分布着教学楼，走到湖大那边就是一条商业街。

在这里，湖南师大是如此令人向往，让我们不惧陡坡，勇往直前；空气中花香与书香互相交融，甚是美好。

报考和招录须知

- 湖南师范大学的招生方式主要分为高考统招、保送、定向招录、人才培养计划四大类。
- 不同省份、不同区域，招录的分数线和标准不一。高考统招时，报考考生必须达到本省招录的最低分数线。
- 港澳台地区和外国国籍考生在符合招录条件的情况下择优顺序录取。

长沙

长沙理工大学

1956年,长沙交通学院的前身交通部长沙航务工程学校创立,1978年经国务院批准,建立长沙交通学院。历经传承演变,2003年,长沙交通学院和原长沙电力学院合并组建成长沙理工大学,是湖南省十强院校之一。自此以后,"博学、力行、守正、拓新"成为长沙理工大学的校训。

理想大学城

作为国内理工科学府，坐落于长沙市天心区的长沙理工大学（简称长沙理工）一直以来都是学子们向往的知识殿堂。

长沙理工是一所有志向的大学，也是学子们实现目标的地方。在这个拥有工、理、管、经、文、法、哲、艺等11个学科、22个学院、86个本科专业的开放式学府，每个学生都可以通过学习来践行目标，实现理想。

博学力行，守正拓新

"做崇德向善、保持定力的新青年，做具有家国情怀、国际视野的追梦人。"

长沙理工和其他学院最大的不同大概就是永远把"脚踏实地、艰苦奋斗、乐于奉献、锐意进取"放在第一位。在这里，每个学生的开学第一课都是学会博学力行，守正拓新。

在长沙理工，从自主研发的首台32kW全钒氧化还原液流电池电堆，到多源信息融合的智能配电网自愈调控关键技术与装备及其工程应用；从废弃小龙虾壳提升沥青的高温性能，到创建分析理论解决南方地区软岩边坡灾变实际问题，无不展示着长沙理工学子未来将以何种姿态奔跑在青春的赛道上。"立德树人、逐梦报国、积极进取、兢兢业业"是长沙理工对长沙理工学子的殷殷期盼。

学校不会限制你学习自己充满好奇的知识，导师也不会像高中老师那样敦促、啰唆，你要为自己做好获取知识的时间安排，执行学习安排。

要知道，长沙理工需要每个学生立志于成为厚基础、宽口径、强能力、高素质的人才，在实现中华民族伟大复兴的道路上，接续奋斗，书写青春最美的答卷。"博学力行，守正拓新"是长沙理工作为一所高校的责任，也是每个长沙理工学子的责任。

"崇尚科学，勤奋好学，博采众长，厚积薄发"可谓是博学力行的长沙理工精神的一种形象而贴切的写照。在这里，师生都有努力从事、身体力行的拓新治学精神，更有秉承传统、开拓创新、与时俱进、追求卓越的长沙理工精神。

在长沙理工待上一段时间，你就会发现，虽然每天的时间都安排得很满，但是，与志趣相投的伙伴一起度过，那种每天都在提升自己、完善技能的感觉，真是令人沉醉。

脚踏实地，艰苦奋斗

"脚踏实地"是长沙理工百年不变的品格。长沙理工大学充分发挥湖湘"十步之内必有芳草"的红色文化沃土优势，培养青年学生与党的血水浓情。

长沙理工大学

　　长沙理工一年一度的"楚天杯"长沙理工大学CAD绘图技能大赛，总会掀起一番激烈的竞争。高校商业精英挑战赛会展专业创新创业实践竞赛、大学生物流技术（起重机）创意大赛、"麦米电气电苑杯"电子设计大赛等多彩多样的竞赛也是风起云涌，各类人才汇聚一起。

　　除了比赛，长沙理工学子们最喜欢扎堆的地方就是汀香园与甘饴园。食堂菜品丰富，提供各色餐食，可以全方位满足天南海北的学子们的口味需求。长沙理工有个年轮广场，年轮广场的中心是一块刻有"奠基"的标志性自然岩石，标志着长沙理工大学的开始，向外是以标志性自然岩石为中心，由一块块岩石环绕形成的大圆圈，寓意"年轮"，象征着学校发展的历史。

　　初春，校园中的樱花树和梅花树盛开，绽放着绚丽的粉色和白色花朵，仿佛将整个校园装点成了花海。夏天，郁郁葱葱的树木给人一种清凉和舒适的感觉。秋天，校园里的枫叶变得红艳火热，像一把把火焰，让整个校园充满了浓郁的秋意。

　　长沙理工大学的郁金樱还是网红樱花，在这里，你不需要羡慕别人大学的风景，因为长沙理工的郁金樱开出了五月的绚丽。

勤学苦练，增强本领

　　曾经有人在知乎上提过一个这样的问题："在长沙理工上学，是一种什么样的体验？"

　　其中一个高赞的回答是"包容"。

　　汀香园宇宙无敌大酒店呈"回"字形。据说此食堂为湖南省内最大的食堂。还有一个叫甘饴园，甘之如饴啊！校园很大，一开始进来的时候特别容易迷路，不过熟悉了就好啦！适合骑自行车到处兜风，学校有九云方鼎，适合仰望天空；还有云影湖，超级安静，适合沉思。交通是真的便利，去市中心坐地铁只需要15分钟，而且学校周围有很多公交车，去橘子洲、岳麓山、五一广场、凯德广场等地方都非常方便，对于玩霸们而言是个好地方。

　　在这里，鸟语花香、满山鲜花、湖水碧绿、生机盎然，你能真正体会到于操场上挥洒青春的汗水，于温软的轻风中留下珍贵的记忆。

报考和招录须知

● 长沙理工大学的招生方式主要分为高考统招、保送、定向招录。

● 不同省份、不同区域，招录的分数线和标准不一。高考统招时，报考考生必须达到本省招录的最低分数线。

● 港澳台地区和外国国籍考生在符合招录条件的情况下择优顺序录取。

长沙

中南大学

　　1903年，梁焕奎从湖南矿务局拨借基金银1.6万两，创办了"湖南高等实业学堂"。历经传承演变，2000年，在国家高等学校重新布局结构调整中，由中南工业大学、湖南医科大学与长沙铁道学院三校合并组建中南大学，是唯一一个拥有中国人民解放军后备军官培养基地，为军队培养指技合一军官的教育部直属高校。自此以后，"知行合一，经世致用"成为中南大学的校训。

作为国内"985工程""211工程""双一流"的百年学府，坐落于长沙市岳麓区的中南大学（简称中南）一直以来都是莘莘学子向往的知识殿堂。

中南是一所有梦想的大学，也是学子们梦想成真的地方。在这个囊括哲学、经济学、法学、教育学、文学、理学、工学、医学、管理学、艺术学、交叉学科11个学科、30个院系、103个本科专业的开放式学府，每个学生都可以通过学习让理想照进现实。

知行合一，经世致用

"登临极目舒怀抱，归渡湘江兴未阑。"

在中南，从锌冶炼过程智能控制与协同优化关键技术及应用，到糖尿病免疫诊断与治疗关键技术创新及应用；从智能化地图综合与多尺度级联更新关键技术及应用，到首次克隆了决定人类神经性高频耳聋致病基因，无不展示着中南学子未来将以何种姿态奔跑在青春的赛道上。"以天下为己任，求索治世之道，培养济世英才，积极入世，引领文明，报效国家，服务人民"是中南对中南学子的殷殷期盼。

学校不会限制你涉猎更多的课外知识，导师也不会像高中老师那样敦促、叮嘱，你要为自己做好学习计划并执行。

"向善求真，唯美有容"可谓是经世致用的中南精神的一种形象而贴切的写照。在这里，师生都有领悟知识真谛、感知时代脉搏的拓新治学精神，更有博学活用、自信笃定、坚韧不拔、迎难而上、铆足干劲、乘势而上的中南精神。

在中南待上一段时间，你就会发现，虽然每天时间都安排得很紧凑，但是，与兴趣相投的伙伴一起度过，那种每时每刻提升自己、壮大自己的感觉，真是令人开心。

自信自强，守正创新

"守正创新"是中南百年不变的品格。在这里，学子们处优而不养尊，受挫而不短志、不断锤炼自我、不断提升自我，直面挑战、赢在未来。

中南一年一度的基础医学院机能实验学自主实验设计大赛，总会掀起一番激烈的竞争。数学建模竞赛、勤工助学学生拔河比赛等精彩纷呈的竞赛也是风起云涌，各路人才济济一堂。

除了比赛，中南学子们最喜欢扎堆的地方就是观云池位。观云池位于中南大学本部中轴线的中间，是中南大学本部校园风景的一张特色名片。观云池既是中南大学学子们的热门打卡地，也是吸引无数游客来中南大学本部参观的一道亮丽风景线。

校本部和平楼民主楼是由梁思成、林徽因这对伉俪设计，"工"字形的楼栋，前长后短，造型别致，朱红色的外墙秀丽

理想大学城

典雅，美观大方，民主楼和平楼见证了那段全民族浴血奋战的历史，也见证了中南一步一个脚印的成长历程。冬日里的梧桐本就别有一番韵味，道路两旁的梧桐，铺就了一幅唯美的画卷。

向善求真，唯美有容

曾经有人在知乎上提过一个这样的问题："在中南上学，是一种什么样的体验？"

其中一个高赞的回答是"丰富"。

某日大雾弥漫长沙城，湘江对岸的几栋高楼隐匿了踪迹，这景象很久未见到。同样是雾罩楼隐，相比于一年半前的疏离感，大雾之下，让人感受到了这座城市的一丝浪漫与朦胧美，甚至兴致骤生，漫步校园，驻足于每栋建筑前，感受雾气迷蒙的中南。

南校不大，工大路直通北门，道路旁的梧桐树影婆娑，秋意渐浓，但平日常走，便岔进一条从未走过的林荫小道，不想踏进一方新天地，银杏参天落叶黄，红楼横排写沧桑，三两老人缓缓行，时景萧瑟弗苍凉。

在这里，有踌躇满志、春风得意、把酒临风的豪迈。学子来自五湖四海，历经了一场名为高考的洗礼，带着少年的炽热，踏上这片收获的土地，秉承"向善求真，唯美有容"信念，与无数中南人共同书写属于中南的新篇章。

报考和招录须知

● 中南大学的招生方式主要分为高考统招、保送、定向招录、人才培养计划四大类。

● 不同省份、不同区域，招录的分数线和标准不一。高考统招时，报考考生必须达到本省招录的最低分数线。

● 港澳台地区和外国国籍考生在符合招录条件的情况下择优顺序录取。

西安电子科技大学

西安

1931年,中央军委无线电学校于江西瑞金洋溪组建。1941年,毛主席为学校院刊《通信战士》题词:"你们是科学的千里眼、顺风耳。"历经传承演变,1988年,中央军委无线电学校改名为西安电子科技大学,是新中国创办的第一所电子工科学校。自此以后,"厚德、求真、砺学、笃行"成为西安电子科技大学的校训。

理想大学城

作为国内"211工程""双一流"的百年学府，坐落于西安市雁塔区的西安电子科技大学（简称西电）一直以来都是莘莘学子向往的知识殿堂。

西电是一所有梦想的大学，也是学子们梦想成真的地方。在这个拥有工学、理学、管理学、文学、经济学等8个学科、26个学院、66个本科专业的开放式学府，每个学生都可以通过学习让梦想照进现实。

厚德求真，砺学笃行

"唯创新者进、唯创新者强、唯创新者胜。"

在西电，从研发出第一台中国人自己设计制造、用于核物理研究的静电加速器，到实现我国氮化物第三代半导体电子器件；从构建国内首个高速目标等离子体电磁科学研究实验装置，到研发我国首颗宇航级高速图像压缩处理芯片，无不展示着西电学子未来将以何种姿态奔跑在青春的赛道上。

"志不求易，事不避难，务实求真，大气大为"可谓是厚德求真的西电精神的一种形象而贴切的写照。

厚学求新，劈波斩浪

曾经有人在知乎上提过一个这样的问题："在西电上学，是一种什么样的体验？"其中一个高赞的回答是"秀美"。

西电的教学楼特别精致，楼梯很漂亮。这里有高大透亮的落地窗，阳光穿过洁净的玻璃，整片整片地铺洒在地板上，既温暖又柔和。

报考和招录须知

- 西安电子科技大学的招生方式主要分为高考统招、保送、定向招录、人才培养计划四大类。
- 不同省份、不同区域，招录的分数线和标准不一。高考统招时，报考考生必须达到本省招录的最低分数线。
- 港澳台地区和外国国籍考生在符合招录条件的情况下择优顺序录取。

西安

西北农林科技大学

1934年，国立西北农林专科学校创建。1999年9月11日，由共处陕西杨陵的原西北农业大学、西北林学院、中国科学院水利部水土保持研究所、水利部西北水利科学研究所、陕西省农业科学院、陕西省林业科学院、陕西省中国科学院西北植物研究所7个教学和科研单位合并组建为西北农林科技大学，是中国西北地区第一所高等农业学府。自此以后，"诚朴勇毅"成为西北农林科技大学的校训。

理想 大学城

作为国内"985工程""211工程""双一流"的百年学府，坐落于咸阳市杨陵示范区的西北农林科技大学（简称西农）一直以来都是天下学子向往的知识殿堂。

西农是一所有梦想的大学，也是学子们梦想成真的地方。在这个囊括哲、经济、法、教育、文、史、理、工、农、医、管理、艺术12个学科、28个学院、77个本科专业的开放式学府，每个学生都可以通过学习让梦想照进现实。

诚朴勇毅，以诚为本

"青年兴则国兴，青年强则国强。"

在西农，从基于叶绿素荧光与多光谱成像技术的番茄幼苗热损伤快速检测方法研究与检测设备开发，到黄土高原生态修复与特色产业发展技术模式创建，无不展示着西农学子未来将以何种姿态奔跑在青春的赛道上。"努力成为堪当民族复兴重任的西农人"是西农对西农学子的殷殷期盼。

博学善思，躬行致知

曾经有人在知乎上提过一个这样的问题："在西农上学，是一种什么样的体验？"

其中一个高赞的回答是"包容"。

巍巍西农，扎根杨陵，情系"三农"，从1934起，西农建立开始，古朴的教室承载着历史的厚重，见证了西农的崛起，也见证了不断走向美好的西农。

一花一叶一世界，一果一木总关情，学于西农与美景相伴，美好总会不期而遇。新的篇章即将开启，满怀憧憬，向着新的挑战出发。

报考和招录须知

● 西北农林科技大学的招生方式主要分为高考统招、保送、定向招录、人才培养计划四大类。

● 不同省份、不同区域，招录的分数线和标准不一。高考统招时，报考考生必须达到本省招录的最低分数线。

● 港澳台地区和外国国籍考生在符合招录条件的情况下择优顺序录取。

西安

长安大学

　　1951年,一批新中国的开拓者,怀着车行无阻,货畅其流的理想,在兰州市郊的一片荒滩上,创办了西北交通干部学校,奠定了长安大学的第一块基石。历经传承演变,2000年,西安公路交通大学、西安工程学院和西北建筑工程学院三校合并组建长安大学,是国家首批"211工程"重点建设大学。自此以后,"弘毅明德,笃学创新"成为长安大学的校训。

理想大学城

作为国内"211工程""双一流"的工科类学府，坐落于西安市未央区的长安大学（简称长大）一直以来都是学子们向往的知识殿堂。

长大是一所有梦想的大学，也是学子们梦想成真的地方。在这个囊括工学、理学、管理学、经济学、哲学、法学、文学7个学科、25个学院、86个本科专业的开放式学府，每个学生都可以通过学习让梦想照进现实。

弘毅明德，笃学创新

"立足西部、引领行业、服务国家、面向世界。"

在长大，从智能网联车载系统及其测试关键技术与产业化应用，到高烈度区装配式混凝土结构关键技术及工程应用，无不展示着西农学子未来将以何种姿态奔跑在青春的赛道上。

"观大局、察大势、明大道，阔步向前，笃行致远"可谓是弘毅明德的长大精神的一种形象而贴切的写照。在这里，师生都有锐意创新、躬身实践的拓新治学精神，更有敢于投身教育、科学事业，严谨治学、锐意创新、矢志不移的长大精神。

珍惜韶华，勤勉为学

曾经有人在知乎上提过一个这样的问题："在长大上学，是一种什么样的体验？"其中一个回答是"雅致"。

静谧的明远湖中倒映着蓝天白云和肆意飞翔的鸟儿，这生动的画面随意定格都像是一幅绝美的画卷。

四年大学时光，岁月漫步，与同学共赴美好，春花秋月，夏日冬雪，积累丰富的知识，朝着理想和目标进发。

报考和招录须知

- 长安大学的招生方式主要分为高考统招、保送、定向招录、人才培养计划四大类。
- 不同省份、不同区域，招录的分数线和标准不一。高考统招时，报考考生必须达到本省招录的最低分数线。
- 港澳台地区和外国国籍考生在符合招录条件的情况下择优顺序录取。

西安

西安美术学院

1949年，西安美术学院建校，其前身是西北人民艺术学院二分部，首任校长为贺龙元帅。历经传承演变，1960年它定名为西安美术学院，是西北地区唯一一所高等美术学院。自此以后，"弘美厚德，借古开今"成为西安美术学院的校训。

作为国内的百年学府，坐落于西安市雁塔区的西安美术学院（简称西美）一直以来都是学子们向往的知识殿堂。

西美是一所有梦想的大学，也是学子们梦想成真的地方。在这个囊括艺术学、教育学和管理学3个学科、17个学院、22个本科专业的开放式学府，每个学生都可以通过学习让梦想照进现实。

弘美厚德，借古开今

"弘扬人文精神、承担艺术职责、勇于实践、开拓创新。"

在西美，从《窑洞建造纪要》，到《古楼兰鄯善艺术综论》；从《二十世纪出土玺印集成》，到《百年美术作品中的人民性研究》，无不展示着西美学子未来将以何种姿态奔跑在青春的赛道上。"坚持以人民为中心的创作导向，锻造精品、独具审美、引领风尚"是西美对西美学子的殷殷期盼。

芳华待灼，砥砺深耕

曾经有人在知乎上提过一个这样的问题："在西美上学，是一种什么样的体验？"其中一个高赞的回答是"悠闲"。

走在校园中，感觉西美学子总是有一种特有的气定神闲，大概是因为浸染了太多艺术气息，大家又都相处得和睦，所以在这所遍布"闲云野鹤"和"世外高人"的校园里，总能不自觉地任思想放空，悠游一下午。

报考和招录须知

- 西安美术学院的招生方式主要分为高考统招、保送、定向招录、人才培养计划四大类。
- 不同省份、不同区域，招录的分数线和标准不一。高考统招时，报考考生必须达到本省招录的最低分数线。
- 港澳台地区和外国国籍考生在符合招录条件的情况下择优顺序录取。

西安

西北大学

1902年,陕西巡抚升允向光绪皇帝奉上关于开办陕西大学堂的奏折,陕西大学堂初建。历经传承演变,1912年,陕西大学堂改名为西北大学,历经数十年战火后,1950年复名西北大学,是陕西省级"211"大学。自此以后,"公诚勤朴"成为西北大学的校训。

作为国内"211工程""双一流"的百年学府，坐落于西安市碑林区的西北大学（简称西大）一直以来都是学子们向往的知识殿堂。

西大是一所有梦想的大学，也是学子们梦想成真的地方。在这个囊括哲学、经济学、法学、教育学、文学、历史学、理学、工学、农学、医学、管理学、艺术学12个学科、24个学院、88个本科专业的开放式学府，每个学生都可以通过学习让梦想照进现实。

公诚勤朴，知行合一

"踏征程，氧化青涩，携手前行，还原纯真，初心依旧。"

在西大，从建立了页岩油藏多级压裂水平井的界面交互条件及耦合模型，到制备了SnSe超小纳米点分散SnSe/MoSe2@GN的复合材料；从在CYP28蛋白功能和作用机制研究上取得新进展，到为非纯二氧化碳的直接利用、促进碳中和技术发展提供了新方法，无不展示着西大学子未来将以何种姿态奔跑在青春的赛道上。"坚持真理、坚守理想，践行初心、担当使命，不怕牺牲、英勇斗争，对党忠诚、不负人民"是西大对西大学子的殷殷期盼。

坚忍不拔，矢志不渝

曾经有人在知乎上提过一个这样的问题："在西大上学，是一种什么样的体验？"

其中一个高赞的回答是"诚恳"。

西大的秋，总是那么淡雅清净，玉兰苑的池水映着青春自信的脸颊，谈笑有鸿儒的图书馆前"公勤诚朴"的校训在脑海中挥之不去，那是你我对美好时光的憧憬……走进西北大学，绽放吸睛秋日静气、书香"第一枝"，如此庄重大方，是西大深厚的印记，是这片土地上最美的风景。

报考和招录须知

- 西北大学的招生方式主要分为高考统招、保送、定向招录、人才培养计划四大类。
- 不同省份、不同区域，招录的分数线和标准不一。高考统招时，报考考生必须达到本省招录的最低分数线。
- 港澳台地区和外国国籍考生在符合招录条件的情况下择优顺序录取。

西安

陕西师范大学

1944年,陕西省政府创办陕西省立师范专科学校,知名教育家郝耀东先生出任陕西省立师范专科学校校长。历经传承演变,1960年定名为陕西师范大学,是近代中国国家首批"双一流"大学。自此以后,"厚德、积学、励志、敦行"成为陕西师范大学的校训。

理想 大学城

作为国内"211工程""双一流"的百年学府,坐落于西安市雁塔区的陕西师范大学(简称陕师大)一直以来都是天下学子向往的知识殿堂。

陕师大是一所有梦想的大学,也是学子们梦想成真的地方。在这个囊括哲学、经济学、法学、教育学、文学、历史学、理学、工学、医学、管理学、艺术学、交叉学科12个学科、26个学院、71个本科专业的开放式学府,每个学生都可以通过学习让梦想照进现实。

厚德积学,励志敦行

"踔厉奋发、勇毅前行,向新的伟大征程迈出坚实步伐。"

在陕师大,从视神经脊髓炎谱系疾病的发病机制及实验治疗,到特色传统食品风味解析和调味基料制备技术研究与应用,无不展示着陕师大学子未来将以何种姿态奔跑在青春的赛道上。"固陶铸国民之模范,造就青年中国之渊泉"是陕师大对陕师大学子的殷殷期盼。

山水万程,步履不停

曾经有人在知乎上提过一个这样的问题:"在陕师大上学,是一种什么样的体验?"

其中一个高赞的回答是"包容"。

陕师大的四季非常美,春日芳华初绽,红艳凝露,金黄灿烂,郁金香摇曳浪漫。西风渐,秋意浓,天高云淡,草木摇落,光影流转,桂香馥郁,陕师大的秋天已然登场,秋的色彩点缀整个校园。

报考和招录须知

● 陕西师范大学的招生方式主要分为高考统招、保送、定向招录、人才培养计划四大类。

● 不同省份、不同区域,招录的分数线和标准不一。高考统招时,报考考生必须达到本省招录的最低分数线。

● 港澳台地区和外国国籍考生在符合招录条件的情况下择优顺序录取。

西安

西安建筑科技大学

1895年，天津北洋西学学堂成立。1938年7月，国立北洋工学院、国立北平大学工学院、国立东北大学工学院、私立焦作工学院在汉中城固县的古路坝组建为国立西北工学院。历经传承演变，天津北洋西学学堂改名为西安建筑科技大学，是近代中国"建筑老八校"之一。自此以后，"自强、笃实、求源、创新"成为西安建筑科技大学的校训。

理想大学城

作为国内的百年学府,坐落于西安市碑林区的西安建筑科技大学(简称西建大)一直以来都是天下学子向往的知识殿堂。

西建大是一所有梦想的大学,也是学子们梦想成真的地方。在这个拥有工、理、管、文、法、艺术等10个学科、21个学院、67个本科专业的开放式学府,每个学生都可以通过学习让梦想照进现实。

自强笃实,求源创新

"心定而神笃,不惧艰难,义无反顾。"

西建大和其他学院最大的不同大概就是永远把"坚持国家至上、民族至上、人民至上,始终胸怀大局、心有大我"放在第一位。在这里,每个学生的开学第一课都是学会自强笃实,求源创新。

在西建大,从黄土水分迁移评价方法及工程优化应用,到现代钢管结构理论研究及关键技术应用;从新型钼合金强韧化关键技术及应用,到大型火电厂主厂房结构抗震性能提升关键技术与工程应用,无不展示着西建大学子未来将以何种姿态奔跑在青春的赛道上。"为人诚实、基础扎实、作风朴实、工作踏实"是西建大对西建大学子的殷殷期盼。

忠诚勇毅,锐意进取

曾经有人在知乎上提过一个这样的问题:"在西建大上学,是一种什么样的体验?"

其中一个高赞的回答是"仙气"。

雪后美景对于西安建筑科技大学草堂校区的学子们来说并不陌生。冬日里,从草堂南山书院望去,皑皑雪顶,墨蓝山腰,可真像一杯"雪顶咖啡"。不远处,草堂寺的钟声激荡起片片雪花,整个草堂校区便成了大家口中的"仙建大"!

报考和招录须知

- 西安建筑科技大学的招生方式主要分为高考统招、保送、定向招录、人才培养计划四大类。
- 不同省份、不同区域,招录的分数线和标准不一。高考统招时,报考考生必须达到本省招录的最低分数线。
- 港澳台地区和外国国籍考生在符合招录条件的情况下择优顺序录取。

西安

西安交通大学

1896年，盛宣怀再次向清廷条陈自强大计，附奏《请设学堂片》，在上海筹款议建新式学堂，名曰"南洋公学"。盛宣怀提出"自强首在储才，储才必先兴学"的主张。历经传承演变，南洋公学改名为西安交通大学，既是"985工程"大学，也是国家"211工程"重点建设的首批七所大学之一。自此以后，"精勤求学、敦笃励志、果毅力行、忠恕任事"成为西安交通大学的校训。

理想大学城

作为国内"985工程""211工程""双一流"的百年学府，坐落于西安市雁塔区的西安交通大学（简称西安交大）一直以来都是天下学子向往的知识殿堂。

西安交大是一所有梦想的大学，也是学子们梦想成真的地方。在这个拥有理、工、医、经、管、文、法、哲、艺等11个学科、32个学院、76个本科专业的开放式学府，每个学生都可以通过学习让梦想照进现实。

精勤求学，敦笃励志

"少年当有志，人无志不立，国无志不强。"

西安交大和其他学院最大的不同大概就是永远把"自强首在储才，储才必先兴学"放在第一位。在这里，每个学生的开学第一课都是学会精勤求学，敦笃励志。

在西安交大，从电磁声光耦合式无创消化道早癌消融技术，到3D打印可降解纳米磁性吻合器技术；从快堆蒸汽发生器综合试验装置，到榆林科创新城零碳分布式智慧能源中心，这些无不展示着西安交大学子未来将以何种姿态奔跑在青春的赛道上。"记住家国情怀、坚韧不拔的毅力、改革创新的精神，成为顶天立地的民族脊梁"是西安交大对西安交大学子的殷殷期盼。

良好的信仰，家国情怀，坚韧不拔的毅力，勇于探索的精神，将构成一个人美好的品格。

要知道，西安交大需要每个学生立志于把握时代脉搏，充满自信，敢于担当，敢于拼搏，树大志向，奋勇向前。

"既然选择了远方，便只顾风雨兼程"可谓是敦笃励志的西安交大精神的一种形象而贴切的写照。在这里，师生都有任凭风雨、自信征途的拓新治学精神，更有立大志、成大才、担大任，

自觉把困难、挑战和挫折当成"财富"，激发、释放自己的潜能，始终保持拼搏进取的姿态。

在西安交大待上一段时间，你就会发现，虽然每天时间都排得很满，但是，与目标一致的伙伴一起度过，那种日新月异提升技能、日益增进改变自己的感觉，令人沉醉。

仰望星空，追逐梦想

曾经有人在知乎上提过一个这样的问题："在西安交大上学，是一种什么样的体验？"

其中一个高赞的回答是"浪漫"。

江湖称号尽显浪漫本色。西安交通大学被亲切地称为"仙交大"。没错，正是

仙女的仙。尤其是三四月，仙的气质显露无疑。民国风的校园建筑，让学校无时无刻飘荡着古朴典雅的韵味，这份气质很少有高校能够与之匹敌。

校区的南门与北门之间，一条中轴线纵贯整个矩形校园。其地标性建筑，如思源活动中心、主楼、钱学森图书馆、腾飞广场、中心楼群等，皆自南向北缀连其间，楼宇排列有序，蕴含着丰富的传统文化与古人智慧。

春绿樱粉的温柔，夏长蝉鸣的悠远，秋凉梧桐的暖意，冬深雪满的变幻，四季如诗的景色营造浪漫氛围。四季之景不同，却都将杜甫所言的"造化钟神秀"体现得淋漓尽致。这些让人心驰神往，想要沉醉在这片美好之中。

十年树木，百年树人，西安交大不只有伫立的梧桐，更有数百种植物，所到之处皆是勃勃生机。很多植物都拥有自己的专属"名牌"，向一代又一代的学子介绍自己的学名、科属、产地、特征，还有一个专属的二维码可以深入了解。

古朴的建筑是一砖一瓦之间的浪漫，春花秋月、夏荷冬雪是气候变化下大自然赋予的浪漫，数百种植物都"鲜活"地长在这里，是人文关怀下的浪漫。

报考和招录须知

- 西安交通大学的招生方式主要分为高考统招、保送、定向招录、人才培养计划四大类。
- 不同省份、不同区域，招录的分数线和标准不一。高考统招时，报考考生必须达到本省招录的最低分数线。
- 港澳台地区和外国国籍考生在符合招录条件的情况下择优顺序录取。

昆明

云南大学

1922年，唐继尧创立私立东陆大学，几经改名，1934年更名为省立云南大学。历经传承演变，1950年，私立五华文理学院除中文系和外语系外，与云南省立英语专科学校并入云南大学，国立云南大学更名为云南大学，是云南省唯一一所"双一流"大学。自此以后，"自尊、致知、正义、力行"成为云南大学的校训。

云南大学

作为国内"211工程""双一流"的百年学府,坐落于昆明市呈贡区的云南大学(简称云大)一直以来都是学子们向往的知识殿堂。

云大是一所有志向的大学,也是学子们实现理想的地方。在这个囊括文学、经济学、法学、理学、工学、农学、医学、管理学、艺术学9个学科、28个学院、84个本科专业的开放式学府,每个学生都可以通过学习让理想成为现实。

自尊致知,正义力行

"孜孜以求,探索创新,躬身践行,报国逐梦。"

在云大,从平方公里阵列射电望远镜(SKA)到溶酶体稳态调控与相关疾病;从基于SKA先导望远镜的宇宙磁场研究到生物多样性抵御生物入侵的响应机制与受损系统的生态恢复,无不展示着云大学子未来将以何种姿态奔跑在青春的赛道上。

"自尊致知,正义力行,无愧于党和国家"是云大对云大学子的殷殷期盼。

保持自信,坚持不懈

曾经有人在知乎上提过一个这样的问题:"在云大上学,是一种什么样的体验?"

其中一个高赞的回答是"花开满园"。

云南大学被誉为"中国最美的大学校园",自北门而入,映入眼帘的第一道人文景观非明远楼莫属。作为云南大学呈贡校区的行政办公中心,明远楼伫立于百级台阶之上,承袭东路校区建筑风格,深度还原恢宏大气的罗马圆柱、叶型浮雕以及雕花铁门。泽湖本是学校用于储水的洼地,随着周围绿地建设以及天鹅、孔雀等动物的引入,泽湖现今已然成为打卡胜地。

报考和招录须知

● 云南大学的招生方式主要分为高考统招、保送、定向招录、人才培养计划四大类。

● 不同省份、不同区域,招录的分数线和标准不一。高考统招时,报考考生必须达到本省招录的最低分数线。

● 港澳台地区和外国国籍考生在符合招录条件的情况下择优顺序录取。

昆明

昆明理工大学

　　1954年，云南大学工学院独立建校，成为以有色冶金和采矿为重点的多学科性工学院，定名为昆明工学院。历经传承演变，1995年，昆明工学院更名为昆明理工大学，是国防科技工业局与云南省共建的重点大学。自此以后，"明德任责，致知力行"成为昆明理工大学的校训。

作为国内有色冶金技术的高等学府，坐落于昆明市呈贡区的昆明理工大学（简称昆明理工）一直以来都是学子们向往的知识殿堂。

昆明理工是一所有志向的大学，也是学子们实现理想的地方。在这个囊括工、理、管、文、法、教育、农、医等9个学科、27个学院、107个本科专业的开放式学府，每个学生都可以通过学习让理想照进现实。

明德任责，致知力行

"孜孜以求，探索创新，躬身践行，报国逐梦。"

在昆明理工，从直流输电线路和接地极线路的新型故障定位关键技术研发及工程应用到金属硫基材料结构演变与储能性能协同作用机制研究；从物联网无线供能与组网优化研究到高性能多元氧化物电极材料关键制备技术，无不展示着昆明理工学子未来将以何种姿态奔跑在青春的赛道上。"用自己的所学，报效国家、服务人民"是昆明理工对昆明理工学子的殷殷期盼。

情系有色，坚韧不拔

曾经有人在知乎上提过一个这样的问题："在昆明理工上学，是一种什么样的体验？"

其中一个高赞的回答是"绚丽"。

砖红色是昆明理工大学的特色，犹如学校林荫小道两旁的枫树一般，秋天红色的枫叶与砖红的教学楼相映成趣。春天到来时，樱花盛开。

在这里，学子们满载求知的渴望，谱写人生新的篇章。

报考和招录须知

- 昆明理工大学的招生方式主要分为高考统招、保送、定向招录、人才培养计划四大类。
- 不同省份、不同区域，招录的分数线和标准不一。高考统招时，报考考生必须达到本省招录的最低分数线。
- 港澳台地区和外国国籍考生在符合招录条件的情况下择优顺序录取。

合肥

中国科学技术大学

　　1958年,中国科学技术大学建立,中国科学院院长郭沫若兼任校长。建校后,中国科学院实施"全院办校,所系结合"的办学方针,会集了严济慈、华罗庚、钱学森、赵忠尧、郭永怀、赵九章等一批著名科学家。历经传承演变,学校创办少年班、首建研究生院、建设国家大科学工程、面向世界开放办学等新举措,也是唯一一所参与国家知识创新工程的大学。"红专并进,理实交融"为中国科学技术大学的校训。

中国科学技术大学

作为国内"985工程""211工程""双一流"的重点学府，坐落于合肥市金寨路的中国科学技术大学（简称中国科大）一直以来都是学子们向往的知识殿堂。

中国科大是一所有理想的大学，也是学子们实现梦想的地方。在这个拥有理学、工学、管理学、文学、法学、医学等11个学科、31个学院、37个本科专业的开放式学府，每个学生都可以通过学习让梦想照进现实。

红专并进，理实交融

"国有所需，我有所应，红心向党，科教报国。"

在中国科大，从两弹一星到"九章"量子计算原型机；从世界首颗量子科学实验卫星"墨子"到暗物质粒子探测卫星"悟空"，无不展示着中国科大学子未来将以何种姿态奔跑在青春的赛道上。"把红旗插上科学的高峰"是中国科大对中国科大学子的殷殷期盼。

中国科大自诞生之日起就与国家同呼吸共命运，六十多年的红色校史映照了一代代科大人红心向党、科教报国的光辉历程。

初心赤诚，行则必至

曾经有人在知乎上提过一个这样的问题："在中国科大上学，是一种什么样的体验？"

其中一个高赞的回答是"红专并进"。

在西校区的西南角屹立着我国高校中唯一的大科学工程和我国第一个国家级实验室——国家同步辐射实验室，它彰显着中国科大人敢为人先的精神和锐意进取的品质。

云天收夏色，木叶动秋声，青春正当时。正如绚烂的青春，在最富有生机的年龄为共和国红专并进而奋斗，将红旗插上科学的高峰。

报考和招录须知

● 中国科学技术大学的招生方式主要分为高考统招、保送、定向招录、人才培养计划四大类。

● 不同省份、不同区域，招录的分数线和标准不一。高考统招时，报考考生必须达到本省招录的最低分数线。

● 港澳台地区和外国国籍考生在符合招录条件的情况下择优顺序录取。

合肥

合肥工业大学

1945年,安徽省立蚌埠工业职业学校成立。1951年,学校更名为中国煤矿工业专科学校,其任务是专门培养煤矿工业所需的技术干部。历经几十年的传承演变,再次扩建改名为合肥工业大学,属教育部和安徽省双重领导,是全国"军地国防教育和军事训练协同创新研究基地"的六所高校之一。"厚德、笃学、崇实、尚新"成为合肥工业大学的校训。

合肥工业大学

作为国内"211工程""双一流"的重点学府，坐落于合肥市包河区的合肥工业大学（简称合工大）一直以来都是学子们向往的知识殿堂。

合工大是一所有理想的大学，也是学子们实现梦想的地方。在这个拥有工程、理学、管理学、法学、文学、艺术学、教育学和医学等10个学科、22个学院、102个本科专业的开放式学府，每个学生都可以通过学习让梦想照进现实。

厚德笃学，崇实尚新

"立德树人，能力导向，创新创业。"

合工大和其他大学最大的不同就是永远把"培养德才兼备，能力卓越，自觉服务国家的骨干与领军人才"放在第一位。

在合工大，从大空间刚柔耦合智能机器人系统高效协作关键技术及应用到遥感卫星群复杂任务规划技术应用；从基于忆阻器的新型存算一体技术研究领域到人机协同的智能微创医疗装备系统关键技术及应用，无不展示着合工大学子未来将以何种姿态奔跑在青春的赛道上。"用实际行动践行工业报国的初心使命"是合工大对合工大学子的殷切期盼。

自信自强，刚健有为

曾经有人在知乎上提过一个这样的问题："在合工大上学，是一种什么样的体验？"

其中一个高赞的回答是"高端"。

在合肥工业大学的校园里，你不仅可以看到俪人湖畔和斛兵塘旁的黑天鹅，还可以在清新怡人的东风广场上感受四季的变迁。

行走于工大校园，愿你能"慎终如始"，让所有梦想都在这里生根发芽，谱写青春的绚烂篇章。

报考和招录须知

● 合肥工业大学的招生方式主要分为高考统招、保送、定向招录、人才培养计划四大类。

● 不同省份、不同区域，招录的分数线和标准不一。高考统招时，报考考生必须达到本省招录的最低分数线。

● 港澳台地区和外国国籍考生在符合招录条件的情况下择优顺序录取。

兰州

兰州大学

  1909年，清末新政期间，清政府创办甘肃法政学堂。1928年扩建为兰州中山大学；1949年改名为兰州大学。历经传承演变，2002年和2004年，原甘肃省草原生态研究所、兰州医学院先后并入兰州大学，它是甘肃省唯一的一所"211工程"和"985工程"大学。"自强不息、独树一帜"是兰州大学的校训。

作为国内"985工程""211工程""双一流"的百年学府,坐落于兰州市城关区的兰州大学(简称兰大)一直以来都是学子们向往的知识殿堂。

兰大是一所有理想的大学,也是学子们实现梦想的地方。在这个拥有文、理、工、医、法、经、管、教育、艺术等12个学科、13个学院、99个本科专业的开放式学府,每个学生都可以通过学习让梦想照进现实。

自强不息,独树一帜

"立德树人,能力导向,创新创业。"

在兰大,从"兰箭1号"春箭筈豌豆到转基因中间试验的牧草新品系;从高产额紧凑型D-D中子发生器到第三代热光伏空间同位素电源原理样机,无不展示着兰大学子未来将以何种姿态奔跑在青春的赛道上。"在祖国最需要的地方建功立业"是兰大对兰大学子的殷殷期盼。

"言行有礼、处事有度、积极融入"是一代代兰大人践行"自强不息"校训精神最生动的写照。

学有所长,学以致用

曾经有人在知乎上提过一个这样的问题:"在兰大上学,是一种什么样的体验?"

其中一个高赞的回答是"仙境"。

在兰州大学的榆中校区,相比于更加现代化的昆仑堂图书馆,毗邻而建的一座形似展翅高飞之苍鹰的建筑看上去很低调,它就是收藏着23万件特别馆藏文物的兰州大学博物馆。毓秀湖坐落于兰大本部校园中北区域,驻足湖畔,湖水倒映着垂柳,垂柳环绕着清澈的湖面,蜻蜓翘望着湖边的草木,园林里镶嵌着弯曲的小路,处处充溢着书香的气息。

昼夜更替,岁月流转,每天都在为梦想打拼,青春逢盛世,扬帆正当时。

报考和招录须知

● 兰州大学的招生方式主要分为高考统招、保送、定向招录、人才培养计划四大类。

● 不同省份、不同区域,招录的分数线和标准不一。高考统招时,报考考生必须达到本省招录的最低分数线。

● 港澳台地区和外国国籍考生在符合招录条件的情况下择优顺序录取。

兰州

兰州交通大学

　　1909年，北京铁路管理传习所成立，也就是北京铁道学院的前身。1958年，由唐山铁道学院（现西南交通大学）、北京铁道学院（现北京交通大学）的主干系科合并并迁至兰州，组建中国铁道科学研究院兰州分院。历经传承演变，2003年，改名为兰州交通大学，是全国第一所参与青藏铁路建设的高校。自此以后，"尚德、励志、博学、笃行"成为兰州交通大学的校训。

兰州交通大学

作为国内的百年学府，坐落于兰州市安宁区的兰州交通大学（简称兰州交大）一直以来都是学子们向往的知识殿堂。

兰州交大是一所有理想的大学，也是学子们实现梦想的地方。在这个拥有工、管、文、理、法、艺等8个学科、20个学院、70个本科专业的开放式学府，每个学生都可以通过学习让梦想照进现实。

尚德励志，博学笃行

"立德树人、能力导向、创新创业。"

兰州交大和其他大学最大的不同大概就是永远把"为西北铁路建设和培养铁路高级专门人才"放在第一位。在这里，每个学生的开学第一课都是学会尚德励志，博学笃行。

要知道，传承中国铁路人爱国、报国、强国的红色基因，发扬中国铁路百年来百折不挠、勇当先锋的伟大精神，在服务中华民族伟大复兴的梦想中自觉担负起更大的使命与责任是兰州交大作为一所高校的责任，也是每个兰州交大学子的责任。

奋发向上，艰苦朴素

曾经有人在知乎上提过一个这样的问题："在兰州交大上学，是一种什么样的体验？"

其中一个高赞的回答是"优雅"。

在学校的"青龙桥火车站"，"上游号"蒸汽机车和东方红号"内燃机车"静静停在车站，展示着中国铁路的发展史。车站四季景色不同，各有风情。

在兰州交大，学子们用青春作桨，扬起梦想之帆，在矢志奋斗中谱写中国式现代化建设的绚丽篇章。

报考和招录须知

- 兰州交通大学的招生方式主要分为高考统招、保送、定向招录、人才培养计划四大类。
- 不同省份、不同区域，招录的分数线和标准不一。高考统招时，报考考生必须达到本省招录的最低分数线。
- 港澳台地区和外国国籍考生在符合招录条件的情况下择优顺序录取。

哈尔滨

哈尔滨工业大学

1920年,哈尔滨中俄工业学校建立,后历经中俄工业大学校、东省特区工业大学校时期,1928年,学校正式定名为哈尔滨工业大学。历经传承演变,2000年与哈尔滨建筑大学合并组建新的哈尔滨工业大学,是全球唯一一所有核打击的大学,更是"国防七子"之一。"规格严格,功夫到家"是哈尔滨工业大学的校训。

哈尔滨工业大学

作为国内"985工程""211工程""双一流"的百年学府，坐落于哈尔滨市南岗区的哈尔滨工业大学（简称哈工大）一直以来都是天下学子向往的知识殿堂。

哈工大是一所有志向的大学，也是学子们实现理想的地方。在这个拥有工学、理学、管理学、文学、法学、医学等12个学科、22个学院、121个本科专业的开放式学府，每个学生都可以通过学习让理想成为事业。

规格严格，功夫到家

"人的一生不能没有情怀，最大的情怀就是家国情怀。"

在哈工大，从全球首创反射面结构系统到世界球罐加工领域首创无模胀形技术；从研发成功国际首个星箭一体化飞行器到国际首次人机协同在轨维修试验，无不展示着哈工大学子未来将应以何种姿态奔跑在青春的赛道上。"中国特色、世界一流、哈工大规格"是哈工大对哈工大学子的殷殷期盼。

保持自信，坚持不懈

曾经有人在知乎上提过一个这样的问题："在哈工大上学，是一种什么样的体验？"

其中一个高赞的回答是"严谨"。

哈工大既是我国顶尖的工科院校之一，也是世界上著名的高等教育机构。在这里有两枚"大火箭"：一枚是长征五号运载火箭1:5模型，广场被命名为"神舟揽月"，碑石背面镌刻着"中国载人航天精神"；另一枚是长征一号运载火箭实物，广场被命名为"卧震苍穹"。

在这里，在深研学问这条路上，锤炼学子们的品德修为、练就过硬本领，从而实现青春梦想。

报考和招录须知

● 哈尔滨工业大学的招生方式主要分为高考统招、保送、定向招录、人才培养计划四大类。

● 不同省份、不同区域，招录的分数线和标准不一。高考统招时，报考考生必须达到本省招录的最低分数线。

● 港澳台地区和外国国籍考生在符合招录条件的情况下择优顺序录取。

哈尔滨

哈尔滨工程大学

1953年，陈赓院长提出了边建、边教、边学的"三边"建校方针，创办中国人民解放军军事工程学院。1970年，在哈军工原址上组建以海军工程系为主体的哈尔滨船舶工程学院。历经传承演变，1994年，更名为哈尔滨工程大学，是唯一获得"航母建设突出贡献奖"的高等院校，更是"国防七子"之一。自此以后，"大工至善、大学至真"成为哈尔滨工程大学的校训。

作为国内"211工程""双一流"的高等学府,坐落于哈尔滨市南岗区的哈尔滨工程大学(简称哈工程)一直以来都是学子们向往的知识殿堂。

哈工程是一所有志向的大学,也是学子们实现理想的地方。在这个拥有哲学、经济学、法学、教育学、文学、历史学、管理学、理学、工学、军事学等13个学科、17个学院、43个本科专业的开放式学府,每个学生都可以通过学习让理想成为事业。

大工至善,大学至真

"培养传承红色基因的杰出人才,打造强军卫国的国之重器。"

哈工程和其他大学最大的不同就是永远把"以祖国需要为第一需要,以国防需求为第一使命,以人民满意为第一标准"放在第一位。在这里,每个学生的开学第一课都是学会大工至善、大学至真。

从我国第一台舰载计算机"901型鱼雷艇指挥仪"到我国第一颗原子弹试验;从世界第一艘气垫船33号艇到中国自主设计、建造的3艘航空母舰,无不展示着哈工程学子未来将以何种姿态奔跑在青春的赛道上。

襟怀坦荡,成就人生

曾经有人在知乎上提过一个这样的问题:"在哈工程上学,是一种什么样的体验?"

其中一个回答是"宏大"。

这里被誉为中国最美校园之一,是哈尔滨各高校中唯一的校园国家3A级景区;这里也是哈尔滨红色旅游线路的重要一站,校园文化景观带有航海特色,红色印记随处可见。每年春天,杏花盛开,游人如织,大家在这里拍照、休憩,尽赏春天之美。

在这里,我们将一起感受青春的燃烧,见证砥砺前行的脚步。

报考和招录须知

● 哈尔滨工程大学的招生方式主要分为高考统招、保送、定向招录、人才培养计划四大类。

● 不同省份、不同区域,招录的分数线和标准不一。高考统招时,报考考生必须达到本省招录的最低分数线。

● 港澳台地区和外国国籍考生在符合招录条件的情况下择优顺序录取。

哈尔滨师范大学

哈尔滨

1929年，东省特别区美术专门学校成立。历经传承演变，1980年定名为哈尔滨师范大学，是黑龙江省"双一流"国内一流大学建设高校。"敦品励学，弘毅致远"是哈尔滨师范大学的校训。

作为国内知名的高等学府，坐落于哈尔滨市利民经济开发区的哈尔滨师范大学（简称哈师大）一直以来都是学子们向往的知识殿堂。

哈师大是一所有志向的大学，也是学子们实现理想的地方。在这个囊括经济学、管理学、法学、教育学、理学、文学、历史学、工学、艺术学9个学科、24个学院、80个本科专业的开放式学府，每个学生都可以通过学习让理想成为事业。

敦品励学，弘毅致远

"坚守科学精神，勇于开拓创新。"

哈师大和其他大学最大的不同就是永远把"追求真理、严谨治学"放在第一位。在这里，每个学生的开学第一课都是学会敦品励学，弘毅致远。

在哈师大，从历史学教师教育国家级一流本科课程，到石油磺酸盐酸渣无害化处理，无不展示着哈师大学子未来将以何种姿态奔跑在青春的赛道上。"严谨治学、潜心研究、集智攻关、团结协作"是哈师大对哈师大学子的殷殷期盼。

哈师大需要每个学生立志于以实现中华民族伟大复兴为己任，"实干兴邦、热爱祖国"是哈师大作为一所高校的责任，也是每个哈师大学子的责任。

"敬业博学，求真创新"，可谓是追求真理的哈师大精神一种形象而贴切的写照。在这里，树立勇于攻克"卡脖子"等关键核心技术的雄心壮志，成为开拓创新的时代先锋。

脚踏实地，实干兴邦

哈师大一年一度的大学生数学竞赛，总会掀起一番激烈的竞争。篮球比赛、歌手大赛等各种各样的竞赛也是风起云涌，各路英豪欢聚一处。

除了比赛，哈师大学子们最喜欢扎堆的地方就是食堂。大学食堂承载着学生们四年的酸甜苦辣，是学生们不可磨灭的记忆。哈尔滨师范大学的两个食堂提供了丰富多样的美食选择，从传统的东北美食到各地特色小吃，让你们的味蕾在校园也能尽情满足。健康营养，让饮食成为你们快乐校园生活的一部分吧！

精业笃行，躬耕不辍

曾经有人在知乎上提过一个这样的问题："在哈师大上学，是一种什么样的体验？"

其中一个高赞的回答是"秀丽"。

理想大学城

哈师大的梦溪湖的风景如诗如画，它宁静地躺卧在校园的"心脏"之中。湖光山色交相辉映，映衬出学问与美丽的交汇。在这里，你可以沐浴阳光，思考人生；你可以漫步湖畔，寻找心灵的宁静。梦溪湖是思考的舞台，也是冥想的殿堂。人文楼是人文精神的象征，在这里，你将走进人文艺术的殿堂，感受人类智慧的光芒。音乐厅内的音乐会，艺术展览间的视觉盛宴，都将唤醒你对人文情感的共鸣。人文楼是灵魂升华的殿堂，让你在知识的熏陶下更具人文情怀。

报考和招录须知

● 哈尔滨师范大学的招生方式主要分为高考统招、保送、定向招录、人才培养计划四大类。

● 不同省份、不同区域，招录的分数线和标准不一。高考统招时，报考考生必须达到本省招录的最低分数线。

● 港澳台地区和外国国籍考生在符合招录条件的情况下择优顺序录取。

辽宁师范大学

大连

1951年,旅大师范专科学校成立。历经传承演变,1960年7月,学校更名为辽宁师范学院,1983年12月更名为辽宁师范大学,是辽宁省"双一流"国内高水平大学建设高校。

理想大学城

作为国内著名的高等学府，坐落于大连市沙河口区的辽宁师范大学（简称辽师大）一直以来都是学子们向往的知识殿堂。

辽师大是一所有志向的大学，也是学子们实现理想的地方。在这个囊括法学、教育学、文学、理学、管理学、工学、艺术学7个学科、21个学院、61个本科专业的开放式学府，每个学生都可以通过学习让理想成为事业。

厚德博学，为人师表

"对学问要心存敬畏，对学业要脚踏实地。"

辽师大和其他大学最大的不同就是永远把"为党育人，为国育才"放在第一位。在这里，每个学生的开学第一课都是学会敬业、博学、求真、创新。

"厚德博学，为人师表"可谓是追求真理的辽师大精神的一种形象而贴切的写照。在这里，有了成绩不自满、遇到挫折不气馁，不畏沿途之风雪，不惧生命之寒冬，要坚持而坚定地走向成功。

沐浴夏阳，耕耘梦想

曾经有人在知乎上提过一个这样的问题："在辽师大上学，是一种什么样的体验？"

其中一个回答是"隽秀"。

辽师大的树林，绿树成荫，满园春色，枫林如火的景色，给人带来视觉的享受，让我们领略校园四季景色的变化。半坡亭是西山校区的一个标志，在那里你会感受到春夏秋冬的变化，下雪天在教学楼学习真的是一种享受，抬头便能看到美丽的雪景，真的好似人间仙境。

报考和招录须知

- 辽宁师范大学的招生方式主要分为高考统招、保送、定向招录。
- 不同省份、不同区域，招录的分数线和标准不一。高考统招时，报考考生必须达到本省招录的最低分数线。
- 港澳台地区和外国国籍考生在符合招录条件的情况下择优顺序录取。

大连理工大学

1949年,大连大学工学院创建。历经传承演变,1988年3月,学校更名为大连理工大学,是教育部与国家国防科技工业局共建的"双一流"大学。"团结、进取、求实、创新"为大连理工大学的校训。

理想大学城

作为国内"985工程""211工程""双一流"的高等学府，坐落于大连市甘井子区的大连理工大学（简称大工）一直以来都是学子们向往的知识殿堂。

大工是一所有志向的大学，也是学子们实现理想的地方。在这个囊括理学、工学、管理学、经济学、文学、法学、教育学、艺术学、哲学、医学、农学、历史学12个学科、31个学院、82个本科专业的开放式学府，每个学生都可以通过学习让理想成为事业。

团结进取，求实创新

"心怀家国、志存天下，脚踏实地、履践致远。"

在大工，从中国第一台激光器到第一艘核潜艇；从第一颗返回式卫星到第一枚液体燃料探空火箭和第一座大型砼斜拉桥，无不展示着大工学子未来将以何种姿态奔跑在青春的赛道上。要知道，大工需要每个学生立志于把青春的理想、事业的追求转化为奋斗的行动，苦练本领、"自找苦吃"，永远做那个在关键时刻冲出来说"我能行"的大工人。

脚踏实地，履践致远

曾经有人在知乎上提过一个这样的问题："在大工上学，是一种什么样的体验？"其中一个高赞的回答是"书卷气"。

大连理工大学图书馆拥有一个主馆、三个分馆和五座馆舍：主馆坐拥主校区的伯川图书馆和令希图书馆，三个分馆分别是开发区校区图书馆、盘锦校区图书馆和马克思主义分馆。正午的到来给予了学子片刻闲暇。暂释手中卷，乐享盘中餐，再在暖阳下休息小憩，是大工学子难得的惬意。

报考和招录须知

● 大连理工大学的招生方式主要分为高考统招、保送、定向招录、人才培养计划四大类。

● 不同省份、不同区域，招录的分数线和标准不一。高考统招时，报考考生必须达到本省招录的最低分数线。

● 港澳台地区和外国国籍考生在符合招录条件的情况下择优顺序录取。

大连

大连海事大学

1909年，晚清邮传部上海高等实业学堂建立，系晚清至新中国成立40余年间中国仅有的三所海运高等院校合并而成。历经传承演变，1994年，大连海运学院更名为大连海事大学，素来有"航海家的摇篮"之称，是被国际海事组织认定的世界上少数几所"享有国际盛誉"的海事院校之一。"学汇百川、德济四海"为大连海事大学的校训。

理想大学城

作为国内"211工程""双一流"的百年学府，坐落于大连市凌海路的大连海事大学（简称海大）一直以来都是学子们向往的知识殿堂。

海大是一所有志向的大学，也是学子们实现理想的地方。在这个囊括哲学、经济学、法学、教育学、文学、历史学、理学、工学、农学、医学、军事学、管理学和艺术学13个学科、21个学院、54个本科专业的开放式学府，每个学生都可以通过学习让理想成为事业。

学汇百川，德济四海

"孜孜以求，探索创新，躬身践行，报国逐梦。"

在海大，从新中国第一艘悬挂五星红旗的轮船"海辽号"到"一带一路"的海港码头；从"蛟龙号"深潜的万米海底到中国第一艘燃料电池游艇"蠡湖号"，无不展示着海大学子未来将以何种姿态奔跑在青春的赛道上。"成长为具有大德、大才、大识、大为的新时代海大人"是海大对海大学子的殷殷期盼。

勤学为本，增长才干

曾经有人在知乎上提过一个这样的问题："在海大上学，是一种什么样的体验？"其中一个高赞的回答是"赤诚"。

在海大体育馆门口，有一座哥伦布的塑像。这个航海家成了海大人学习的楷模。门前是个广场，左边的建筑是教学楼，右边是会议中心。红色是中国的颜色，热烈而赤诚，海大楼宇以红色为基调，春夏百花盛开，姹紫嫣红，秋时枫叶晕染，"燃烧"到天际。

报考和招录须知

- 大连海事大学的招生方式主要分为高考统招、保送、定向招录、人才培养计划四大类。
- 不同省份、不同区域，招录的分数线和标准不一。高考统招时，报考考生必须达到本省招录的最低分数线。
- 港澳台地区和外国国籍考生在符合招录条件的情况下择优顺序录取。

大连

东北财经大学

1952年，我国政府在沈阳创建东北财经学院。1958年，东北财经学院与沈阳师范学院、沈阳俄文专科学校合并，组建了辽宁大学。历经传承演变，1985年更名为东北财经大学，是东北唯一完整保留的财经类本科院校。"博学济世"为东北财经大学的校训。

作为国内一流的高等学府，坐落于大连市沙河口区的东北财经大学（简称东财）一直以来都是学子们向往的知识殿堂。

东财是一所有志向的大学，也是学子们实现理想的地方。在这个囊括经济学、管理学、法学、文学、理学5个学科、31个学院、43个本科专业的开放式学府，每个学生都可以通过学习让理想成为事业。

博学济世，不忘初心

"有情怀、有担当、有梦想。"

东财和其他大学最大的不同就是永远把"服务经济社会发展，培育卓越财经人才"放在第一位。在这里，每个学生的开学第一课都是学会博学济世，不忘初心。

在东财，从基于区块链技术的农业合作社质量与融资管理智能合约设计到AI机器人服务场景的消费者多模态信号感知及应用优化研究；从基于"极限生存假设"的战略变革模型构建研究到考虑医患自适应行为的医生门诊序列预约调度优化，无不展示着东财学子未来将以何种姿态奔跑在青春的赛道上。"自尊致知，正义力行，无愧于党和国家"是东财对东财学子的殷殷期盼。

东财需要每个学生立志于在学术研究中追求"顶天立地"，在劳动实践中感悟"知行合一"，跑出当代青年的最好成绩。"传承红色基因，做投身民族复兴伟业的生力军"是东财作为一所高校的责任，也是每个东财学子的责任。

"博学济世，不忘初心"可谓是守正创新的东财精神的一种形象而贴切的写照。在这里，无论是继续深造，还是投身职场，东财人都将身处科技革命和产业变革的潮头。

心胸宽广，勇于担当

"会泽百家，至公天下"是东财百年不变的品格。在这里，学子们读万卷书，行万里路，青春的赛道频传佳音；踔厉奋发，力学笃行，追梦的道路越走越宽。

东财一年一度的"中金所杯"全国大学生金融知识大赛，每年都会掀起一番激烈的竞争。羽毛球比赛、篮球比赛、足球比赛等各种各样的竞赛也是风起云涌，各路英豪纷至沓来。

除了比赛，东财学子们最喜欢扎堆的地方就是各种食堂。干锅千叶豆腐好吃，软软的略带点儿筋道的口感，虽然油大，但味道还可以。油炸鲜奶，应该叫油炸冰激凌更合适些，外边炸得软而不面，不是酥脆款，却是很多人喜欢的味道，里层是冰激凌，口感更棒。糖醋里脊有锅包肉的口感，一条条炸好的里脊肉吃起来特别过瘾。巴蜀九味鸡是甜辣口，鸡块炸得酥软，裹上一层甜辣汁，特别下饭。孜然土豆就像薯片过油炸完的感觉，味道不错，就是油稍微有点儿大。总的来说，还是很香、很下饭的。

把握机遇，勇敢追逐

曾经有人在知乎上提过一个这样的问题：“在东财上学，是一种什么样的体验？”

其中一个高赞的回答是"雅致"。

东北财经大学的校园里大约有十条道路，每一条路都有它自己的特色。国槐路是这所学校里最长的道路之一，这条道路的四季风景各不相同。早晨，这里的学子们迎着朝阳，行走在这条路上，逐渐融入人群之中，以一份求知之心，向前努力。

秋天，梅园路上的黄灿灿的银杏叶会飘撒一地；行走于平坦宽阔的丁香路，转角，遇见一抹"东财红"。这里的樱花林、银杏路、海景教室、校友林……能让你感受花园式校园的魅力和风采。

金风送爽，秋光清朗。满园金色，再迎秋意。澄蓝明净的天空，和煦温暖的阳光，顾盼摇曳的银杏，灿若云霞的红枫，共同构成了一幅美丽的校园秋景图。

报考和招录须知

● 东北财经大学的招生方式主要分为高考统招、保送、定向招录、人才培养计划四大类。

● 不同省份、不同区域，招录的分数线和标准不一。高考统招时，报考考生必须达到本省招录的最低分数线。

● 港澳台地区和外国国籍考生在符合招录条件的情况下择优顺序录取。

大连

大连外国语大学

1964年,在周恩来总理等党和国家领导人的关怀下,为培养国家急需的日语翻译人才而创建大连日语专科学校。历经传承演变,1978年升格为大连外国语学院,2013年更名为大连外国语大学,是东北地区唯一一所公立外国语大学。自此以后,"崇德尚文、兼收并蓄"成为大连外国语大学的校训。

作为东北地区唯一一所公立外国语大学，坐落于大连市旅顺南路的大连外国语大学（简称大外）一直以来都是学子们向往的知识殿堂。

大外是一所有志向的大学，也是学子们实现理想的地方。在这个以外语为主，拥有文、管、经、工、法、艺术等7个学科、22个学院、44个本科专业的开放式学府，每个学生都可以通过学习让理想成为事业。

崇德尚文，兼收并蓄

"自信、自立、自强，乐观、团结、奋斗。"

大外和其他大学最大的不同就是永远把"以报国为己任，励精图治、潜心办学"放在第一位。在这里，每个学生的开学第一课都是学会崇德尚文，兼收并蓄。

在大外，从《东正教与俄罗斯文学研究》到日本古代汉文集《本朝文粹》校勘研究；从法国作家安德烈·马尔罗美学思想研究到英国汉学家蓝诗玲翻译风格研究，无不展示着大外学子未来将以何种姿态奔跑在青春的赛道上。"坚守梦想，躬身实践，做不负时代的实干者"是大外对大外学子的殷殷期盼。

大外需要每个学生立志于恪守初心，心怀家国，做矢志不渝的爱国者，发挥所长，胸怀"国之大者"，努力成为祖国和人民需要的有责任和担当的时代新人。"心怀家国"是大外作为一所高校的责任，也是每个大外学子的责任。

"崇德尚文，兼收并蓄"可谓是自强不息的大外精神的一种形象而贴切的写照。在这里，学子们躬身实践，脚踏实地去做，心无旁骛去闯，自强不息、奋斗不止，才能攻坚克难、有所作为。

奋发图强，脚踏实地

"奋发图强，脚踏实地"是大外百年不变的品格。在这里，用敏锐的眼光观察社会，用清醒的头脑思考人生，用智慧的力量创造未来，用行动的笃定赢得尊重！

大外一年一度的"火焰杯"中文辩论赛，总会掀起一番激烈的竞争。啦啦操比赛、英语演讲比赛、足球比赛等各种各样的竞赛也是风起云涌，各路英豪欢聚一处。

除了比赛，大外学子们最喜欢扎堆的地方就是各种食堂。在蛋糕店旁边，有一家店的套餐种类丰富，味道鲜美。没有桌子可以坐，一般得打包，强烈推荐他家的芙蓉蛋。鸡腿套餐、烧鸭套餐也都不错。电梯拐角处那家的烤冷面强烈推荐。相比起食堂负一层和综合楼，他家的烤冷面真的是最棒的。综合楼一楼的奶茶店里的布丁奶茶是永远的销量冠军。综合楼三楼的大沙拉，分量超足。食堂二楼鸭血粉丝的全家福面，里面有好多蔬菜。综合楼三楼有带汤的鸡公煲和干锅的鸡公煲，便宜又好吃。

吃苦耐劳，甘于奉献

曾经有人在知乎上提过一个这样的问题："在大外上学，是一种什么样的体验？"

其中一个高赞的回答是"优雅"。

大外的明阳湖可以说是大外中最美丽的地方。在名洋湖中有很多颜色和形态各异的非洲雁，湖中还有一只船，当然，湖中最不能缺少的就是各式各样的大鱼了。明阳湖的正中央有一座新月桥，它连接了明阳湖的两岸，新月桥是新月的形状，所以它被叫作新月桥。在绵阳湖边，还有专门为想要散步的人修建的木栈道，木栈道环绕着整个明阳湖。在湖边还有一座可供大家休憩学习的小亭子——知行亭，相信这座小亭子的寓意也是希望同学们能够知行合一。大外的体育馆面积不是很大，但是瑜伽馆、乒乓球馆、太极拳馆、交谊舞馆都有。除了体育馆，大外还有篮球场、轮滑场、足球场、跑道。大连外国语大学在2008年种植了榆叶梅，又名小桃红。每到春天，叶子还没长出来，花朵就开始泛着深粉色，花盛开时就变成浅红色，显得格外明艳动人。

钟声嘀嘀嗒嗒，一分一秒，芳华待灼，砥砺深耕，承星履草，不负韶华。

报考和招录须知

● 大连外国语大学的招生方式主要分为高考统招、保送、定向招录、人才培养计划四大类。

● 不同省份、不同区域，招录的分数线和标准不一。高考统招时，报考考生必须达到本省招录的最低分数线。

● 港澳台地区和外国国籍考生在符合招录条件的情况下择优顺序录取。

杭州

浙江大学

1897年,求是书院创立。1937年举校西迁,在遵义、湄潭等地办学,1946年秋,学校迁回杭州。历经传承演变,1998年,同根同源的四校实现合并,组建了新的浙江大学,是浙江省唯一一所"985工程"高校,也是唯一一所"211工程"高校。"求是创新"是浙江大学的校训。

作为国内"985工程""211工程""双一流"的百年学府，坐落于杭州市紫金港区的浙江大学（简称浙大）一直以来都是天下学子向往的知识殿堂。

浙大是一所有志向的大学，也是学子们实现理想的地方。在这个拥有哲学、经济学、法学、教育学、文学、历史学、艺术学、理学、工学、农学、医学、管理学、交叉学科13个学科、39个学院、128个本科专业的开放式学府，每个学生都可以通过学习让理想成为事业。

求是创新，惟学无际

"大不自多，海纳江河。惟学无际，际于天地。"

浙大和其他大学最大的不同就是永远把"国家战略、民族复兴"放在第一位。在这里，每个学生的开学第一课都是学会求是创新，惟学无迹。

在浙大，从波动方程反问题的数学理论与计算方法到真实感图形的实时计算理论与方法；从包装食品杀菌与灌装高性能装备关键技术及应用到广域协同的高端大规模可编程自动化系统及应用，无不展示着浙大学子未来将以何种姿态奔跑在青春的赛道上。"葆有家国情怀和人类关怀，逐梦星辰大海"是浙大对浙大学子的殷殷期盼。

浙大需要每个学生立志于增强追求高深学问、矢志报效祖国的主动性和责任感，始终以饱满的热情和昂扬的斗志投入学习中去。"为强国而奋斗"是浙大作为一所高校的责任，也是每个浙大学子的责任。

"求是创新，惟学无际"可谓是敢闯敢为的浙大精神的一种形象而贴切的写照。在这里，不负时代，不负韶华，立大志、明大德、成大才、担大任，在求是园书写精彩的人生篇章！

海纳江河，启真厚德

"海纳江河，启真厚德"是浙大百年不变的品格。在这里，学子们焕发青年人的蓬勃朝气、铭记浙大人的奋进传统、勇担接班人的光荣使命，在新时代展现新风貌、以新作为铸就新担当，在知识、能力、素质、人格"一体融合""四位俱佳"中成为澎湃的"后浪"。

浙大一年一度的"中控杯"大学生过程工程综合能力竞赛，总会掀起一番激烈的竞争。田径比赛、围棋比赛、足球比赛等各种各样的竞赛也是风起云涌，各路英豪欢聚一处。

除了比赛，浙大学子们最喜欢扎堆的地方就是各种食堂。浙大食堂的门口，宽敞的大厅，一排排井然有序的蓝白座椅，营造出一种大学食堂的氛围感。窗口前"羊杂汤"还在一碗碗地出锅，肉眼可见的热气从炉灶间冒出，氤氲在周围……此时已经是中午12点，食堂里坐满食客。油炸、焖炖、小炒，二十多种菜品依次排开，一股香气扑面而来，令人食指大动。紫金港的标志大鸡腿是很受欢迎的美食，为此坊间还流传着一句话："没吃过大鸡腿，就不算完整浙大人。"大鸡腿不光是好吃，还吃出了情怀。临湖餐厅一楼鲜到骨子里的砂锅，用筷子一划，蛋液能精准有效地包裹每一粒米的蛋包饭，吃着别提多过瘾了。

开物前民，树我邦国

曾经有人在知乎上提过一个这样的问题："在浙大上学，是一种什么样的体验？"其中一个高赞的回答是"华丽"。

浙大的紫金港校区的基础图书馆里一扇扇窗户透出温暖的灯光。求是学子又开始了日常的夜读，他们汲取知识，充实自我。正如古诗所说："夜挑灯火看文章，求知时光理自珍。欲探书中千般理，无心窗外柳梢春。"樱花林是紫金港校区最美的风景之一，绚丽而浪漫！每到春天，总是吸引着无数师生前往打卡；每到夏季，这里绿树成荫，也是散步休憩的好去处；秋天来临，当湖边的水杉林、实验动物中心外的银杏树染成金黄色时，飘落的树叶随风起舞，也是别有韵味；而待到冬天，白雪覆盖，这里便成了一个银色的世界，纯净无瑕，置身这冰雪天地之中，让人心旷神怡。这里的风景四季如画，值得你留恋！

深秋暮色下的玉泉静谧祥和，拂过双颊的微风凉爽沁人，安静得刚刚好，凉爽得刚刚好，落日的余晖也洒落得刚刚好，一切都刚刚好。岁月缱绻，葳蕤生香，生有热烈，藏于俗常。此刻风的温柔，将永驻于浙大学子的心间。

雨过天晴，从此之后，天高任鸟飞。浙大学子从灿若星辰的灯下出发，前程似锦。

报考和招录须知

● 浙江大学的招生方式主要分为高考统招、保送、定向招录、人才培养计划四大类。

● 不同省份、不同区域，招录的分数线和标准不一。高考统招时，报考考生必须达到本省招录的最低分数线。

● 港澳台地区和外国国籍考生在符合招录条件的情况下择优顺序录取。

杭州

浙江传媒学院

1978年，浙江广播电视学校成立。历经传承演变，2004年教育部正式发文批准成立浙江传媒学院，它是国家广播电视总局和浙江省人民政府共建高校。自此以后，"敬业、博学、求真、创新"成为浙江传媒学院的校训。

作为国内著名的高等学府，坐落于杭州市钱塘区的浙江传媒学院（简称浙传）一直以来都是学子们向往的知识殿堂。

浙传是一所有志向的大学，也是学子们实现理想的地方。在这个囊括艺术学、文学、工学、教育学、管理学、经济学6个学科、16个学院、35个本科专业的开放式学府，每个学生都可以通过学习让理想成为事业。

敬业博学，求真创新

"大学因真理而生，因真理而兴，因真理而辉煌。"

浙传和其他学院最大的不同就是永远把"为党育人，为国育才"放在第一位。在这里，每个学生的开学第一课都是学会敬业博学，求真创新。

在浙传，从《孝女曹娥》到《天师钟馗Ⅱ》；从G20峰会宣传片《小鸡彩虹》到《平安伴你成长》，无不展示着浙传学子未来将以何种姿态奔跑在青春的赛道上。"以弘扬先进精神文化、改善传媒世界为己任"是浙传对浙传学子的殷殷期盼。

浙传需要每个学生立志于以实现中华民族伟大复兴为己任，增强做中国人的志气、骨气、底气，不负时代，不负韶华。"国家富强、民族振兴"是浙传作为一所高校的责任，也是每个浙传学子的责任。

"敬业博学，求真创新"可谓是追求真理的浙传精神的一种形象而贴切的写照。在这里，新时代大学生当始于善心、践于善行、成于善德，努力成为德、智、体、美、劳全面发展的时代新人。

包容开放，勇敢顽强

"包容开放，勇敢顽强"是浙传百年不变的品格。在这里，学子们在困难中扬鞭奋蹄，在崎岖中踏出不平凡的道路，不辜负家长的期望、学校的期望、民族的期望。

浙传一年一度的"创智风云·赢在浙传"大学生创业大赛，总会掀起一番激烈的竞争。融媒体主播大赛、篮球比赛、排球比赛等各种各样的竞赛也是风起云涌，各路英豪欢聚一堂。

除了比赛，浙传学子们最喜欢扎堆的地方就是各种食堂。如果要用四个字来形容浙传的食堂的话，那一定非"物美价廉"莫属。锅贴、麻辣小面、自选菜、米粉……你想吃的应有尽有！除了食堂之外，还有很多其他的小店，如食堂门口的鸡排店、生活区的甜品店等，简直是让人垂涎欲滴，来了就别想瘦着回去。旁边的"搅拌时光"饮品店，双皮奶的奶味重，而且加的辅料也很多。枝园和葡萄园里的大排、糖醋里脊、炸鸡腿都不错，但不一定吃得到，多数时候吃到的可能是素菜荤烧的糖醋藕。每到冬天，两个食堂都会推出砂锅系列，及时温暖学子们冰凉的胃。

仰望星空，善作善成

曾经有人在知乎上提过一个这样的问题："在浙传上学，是一种什么样的体验？"其中一个高赞的回答是"舒适"。

穿过星光路，映入眼帘的便是图书馆了。这里有颜品咖啡吧，安静的自习室，还有丰富的藏书。值得一提的是，图书馆二楼新增了校史陈列馆，那里书写着一代代优秀浙传人的深刻印记。被誉为浙江传媒学院代表性建筑，下沙高教园区地标建筑的演播大厦是每个浙传人心中的骄傲和港湾。

传媒大道在浙传的地位可算得上是独一无二了，它横跨了整个教学区，是通往生活区的唯一通道。港中旅沙坡头景区是全国首批5A级景区，是浙传的西部影视艺术创作基地。

"字母骆驼"的到来是深化校地双方的进一步合作，也是校地双方开启文旅融合、积极融入国家"一带一路"倡议的有效实践！所谓的S楼，就是浙传人熟知的彩虹楼——浙传最漂亮的宿舍楼。

春天到来，薄樱微绽，鞓鞢红殷，清爽洁净的纯白，缀以娇俏可爱的浅粉。东风随春归，发我枝上花，赏春花娇艳，知花语蕴藉，应知这里的内蕴深美，藏于清风，蕴于花海。

报考和招录须知

- 浙江传媒学院的招生方式主要分为高考统招、保送、定向招录、人才培养计划四大类。
- 不同省份、不同区域，招录的分数线和标准不一。高考统招时，报考考生必须达到本省招录的最低分数线。
- 港澳台地区和外国国籍考生在符合招录条件的情况下择优顺序录取。

杭州

浙江理工大学

1897年，杭州知府林启为实现其实业救国、教育救国而创办了浙江蚕学馆。历经传承演变，2004年，经教育部批准，学校更名为浙江理工大学，是入选教育部"卓越工程师教育培养计划"的高校。"厚德致远、博学敦行"是浙江理工大学的校训。

作为国内著名的高等学府，坐落于杭州市钱塘区的浙江理工大学（简称浙理工）一直以来都是学子们向往的知识殿堂。

浙理工是一所有志向的大学，也是学子们实现理想的地方。在这个拥有理、工、文、经、管、法、艺术、教育等学科，19个学院、58个本科专业的开放式学府，每个学生都可以通过学习让理想成为事业。

厚德致远，博学敦行

"扎根中国大地，厚植爱国情怀，涵养浩然之气，立志成才报国。"

浙理工和其他大学最大的不同就是永远把"为民报国之行，担当民族复兴重任"放在第一位。在这里，每个学生的开学第一课都是学会厚德致远，博学敦行。

在浙理工，从异型预制桩工业化技术创新及工程应用到管外降膜式液相增黏反应器创制及溶体直纺涤纶工业丝新技术；从高性能无缝纬编智能装备创制及产业化到一种识别DSA冠状动脉图像中局部血管狭窄程度的方法，无不展示着浙理工学子未来将以何种姿态奔跑在青春的赛道上。

"勇于创新、博采众长、兼收并蓄"是浙理工对浙理工学子的殷殷期盼。

浙理工需要每个学生立志于以实现中华民族伟大复兴为己任，不负韶华，只争朝夕，潜心向学，身体力行，坚持不懈，百炼成钢。"国家富强、民族振兴"是浙理工作为一所高校的责任，也是每个浙理工学子的责任。

"厚德致远，博学敦行"可谓是追求真理的浙理工精神的一种形象而贴切的写照。在这里，学子们要做好充分的知识储备，掌握求真的技能，抓住时代的机遇和挑战，成为技术的创造者、应用的推动者和社会变革的引领者。

敢想敢为，勇于创新

"包容开放、勇敢顽强"是浙理工百年不变的品格。在这里，学子们突破"小我"藩篱、明确"大我"定位、涵养"无我"境界，拓展为国、为民、为天下的"朋友圈"，成就更有境界的人生。不辜负家长的期望、学校的期望和民族的期望。

浙理工一年一度的中国国际大学生创新大赛，总会掀起一番激烈的竞争。羽毛球比赛、篮球比赛、田径比赛等各种各样的竞赛也是风起云涌，各路英豪欢聚一处。

除了比赛，浙理工学子们最喜欢扎堆的地方就是各种食堂。首先就是桂花园食堂（一区食堂），这里也是离教学区最近的食堂，是平时吃饭的最佳选择！一楼的双肚面，毛肚厚实弹牙，面条筋道爽滑，微微的辣意，清爽又解腻。烤面包的外皮焦香酥脆，内里柔软香甜，每日现烤现卖。枸杞山药乌鸡汤，唯有煲汤最养人，饭前来一碗，一扫冬日寒。水煮肉片在上菜前，滚烫的热油一浇，葱香、椒香、肉香味儿瞬间迸发，将麻辣鲜香发挥到了极致。

乐于求知、敢于求真

曾经有人在知乎上提过一个这样的问题："在浙理工上学，是一种什么样的体验？"

其中一个高赞的回答是"秀美"。

"厚德致远、博学敦行"的校训石承载着浙理的办学理念，注重为人的立身之本，担负重任而行于远方，在校训的教导下，历届学子们取得了众多佳绩。东大门旁，校园又添新景色，锐利的笔触，孜孜的追求，从浙江丝绸工学院到浙江工程学院，再到浙江理工大学，更替与传承之间，变的是校园蓬勃崭新的面貌，不变的是浙理人奋进的姿态。学林街街旁排列整齐的枫树，在炎夏带来一片清凉，在深秋构成一幅绚丽的画卷，美景在四时皆有变。从蚕学馆到浙江理工大学，校史与丝绸历史文化密不可分，穿梭于陶纺轮和织机之间，古朴与科技相交融，一方天地经纬交织，向前来参观的访客们诉说着浙理工的百年故事。微波粼粼、清风习习，湖面倒映着碧树蓝天，在闲暇时刻漫步湖侧，与三两好友畅谈诗与远方，湖面映出浙理工的春夏秋冬，也映出学子们坚毅向前的脸庞，不惧挑战、坚定前行，我们终将写下属于自己的篇章。

报考和招录须知

● 浙江理工大学的招生方式主要分为高考统招、保送、定向招录、人才培养计划四大类。

● 不同省份、不同区域，招录的分数线和标准不一。高考统招时，报考考生必须达到本省招录的最低分数线。

● 港澳台地区和外国国籍考生在符合招录条件的情况下择优顺序录取。

杭州电子科技大学

杭州

1956年，杭州航空工业财经学校成立。历经传承演变，1980年经国务院批准改建为杭州电子工业学院，先后隶属于机械工业部、电子工业部和信息产业部等中央部委。2003年原杭州出版学校整体并入，2004年更名为杭州电子科技大学，是浙江省人民政府与国防科技工业局共建高校。自此以后，"笃学力行、守正求新"成为杭州电子科技大学的校训。

作为国内著名的高等学府，坐落于杭州市杭州经济开发区的杭州电子科技大学（简称杭电）一直以来都是学子们向往的知识殿堂。

杭电是一所有志向的大学，也是学子们实现理想的地方。在这个拥有工学、管理学、经济学、理学、文学、法学和教育学 7 个学科、22 个学院、48 个本科专业的开放式学府，每个学生都可以通过学习让理想成为事业。

笃学力行，守正求新

"行稳致远，秉持笃学实干，追求卓越，坚持科技创新。"

杭电和其他大学最大的不同就是永远把"为解决我国关键核心技术攻关提供人才"放在第一位。在这里，每个学生的开学第一课都是学会"笃学力行，守正求新"。

在杭电，从研制成功我国第一支晶体管到固态存储控制器芯片关键技术及产业化；从深海极端环境探测与采样装备技术到我国目前唯一通过国际认证的可编程控制器组态平台软件"CASS 平台"，无不展示着杭电学子未来将以何种姿态奔跑在青春的赛道上。"以国家大事、千万尽力，核心技术、攻关难题为己任"是杭电对杭电学子的殷殷期盼。

杭电需要每个学生立志于以实现中华民族伟大复兴为己任，以更足的自信、更高的志气、更强的闯劲儿，开启砥砺奋进的创新历练。"为中国电子信息产业培养高级专门人才和推动电子信息科技发展"是杭电作为一所高校的责任，也是每个杭电学子的责任。

"笃学力行、守正求新，求实求真、大气大为"可谓是追求真理的杭电精神的一种形象而贴切的写照。在这里，传承杭电人的家国情怀，把个人理想融入国家和民族的事业中，让青春在磨砺中出彩，在奋斗中升华。

敢想敢干、敢试敢闯

"敢想敢干、敢试敢闯"是杭电百年不变的品格。在这里，有舍我其谁的拼搏精神，敢想敢干、敢试敢闯，为新时代党和国家建设事业的发展贡献自己的智慧和青春。

杭电一年一度的全国仿真创新应用大赛，总会掀起一番激烈的竞争。击剑比赛、篮球比赛、排球比赛等各种各样的竞赛也是风起云涌，各路英豪欢聚一处。

除了比赛，杭电学子们最喜欢扎堆的地方就是各种食堂。食堂位于生活区南二门处，菜品以红烧为主，色、香、味俱全，适合来自北方的同学们。在七大食堂中，最火爆的必属"梅花美食城"，小肥牛拉面、铁板炒饭、煲仔饭、炸鸡汉堡都特别好吃。来清真餐厅用餐的同学一般以回民为主，别有回族风情。环境优越，美食多样，风味独特。

求实求真，大气大为

曾经有人在知乎上提过一个这样的问题："在杭电上学，是一种什么样的体验？"

其中一个高赞的回答是"大气"。

刚劲有力的"杭州电子科技大学"几个大字环绕在花丛中间。那花可真美，黄的似金、粉的像霞、红的如火……仔细闻闻，整个校园弥漫在花香中。沿着笔直的道路一路走去，感觉一条通往校园的林荫大道正向我们招手致意。突然，一阵凉风拂面吹过，一片金黄色的落叶随风飘舞，像在空中盘旋、追逐、打闹；阳光透过树林的空隙照射下来，好似巨大的天河。林荫道前矗立着由三根巨大的梁柱组成的大型雕塑，上面好像用甲骨文刻着一排排文字，寓意杭电悠久的历史。月雅湖，杭州电子科技大学标志性景点，位于南大门东侧。它因地顺势开凿于校南门东侧。此湖小之又小，然形如弯月，水光盈盈，清澈见底，涟漪抚岸，不失可爱。长虹揽月位于杭州电子科技大学正门，是学校标志性建筑，有"亚洲首个最宽校门"之称。"可上九天揽月"的精神一直激励着杭电人坚守信念、脚踏实地，朝着梦想前进。万千师生由此而入，开启征程，走向未来。

报考和招录须知

● 杭州电子科技大学的招生方式主要分为高考统招、保送、定向招录、人才培养计划四大类。

● 不同省份、不同区域，招录的分数线和标准不一。高考统招时，报考考生必须达到本省招录的最低分数线。

● 港澳台地区和外国国籍考生在符合招录条件的情况下择优顺序录取。

济南

山东师范大学

1902年,由候补道方燕年主持,于山东大学堂附设师范馆。历经传承演变,1981年,学校更名为山东师范大学,系新中国成立后山东省建立的最早的本科院校。自此以后,"弘德明志、博学笃行"成为山东师范大学的校训。

作为国内一流的百年学府,坐落于济南市历下区的山东师范大学(简称山师大)一直以来都是学子们向往的知识殿堂。

山师大是一所有志向的大学,也是学子们实现理想的地方。在这个拥有哲学、经济学、法学、文学、历史学、教育学、理学、工学、农学、医学10个学科、22个学院、67个本科专业的开放式学府,每个学生都可以通过学习让理想成为事业。

弘德明志,博学笃行

"终身学习、深度思考、不怕孤独。"

山师大和其他大学最大的不同大概就是永远把"明道致远、厚学思变"放在第一位。在这里,每个学生的开学第一课都是学会弘德明志,博学笃行。

在山师大,从牛三种重要传染病防控关键技术研发与示范应用到生物标志物的高灵敏单细胞荧光分析;从面向复杂系统的知识驱动智能协同优化理论与方法到基于智能医学物理计算的图像引导肿瘤精准放疗关键技术及应用,无不展示着山师大学子未来将以何种姿态奔跑在青春的赛道上。"惟实励新,敦行致远"是山师大对山师大学子的殷殷期盼。

要知道,山师大需要每个学生立志于倾听生命和时代的呼唤,坚守教育的底线和纯真,为民族复兴贡献一份力量,跑出当代青年的最好成绩。"锤炼品格,不负韶华,笃行致远"是山师大作为一所高校的责任,也是每个山师大学子的责任。

"弘德明志,博学笃行"可谓是慎思明辨的山师大精神的一种形象而贴切的写照。在这里,山师大以最大的胸襟包容,以最优的校风熏陶,以最好的教育点燃,为学子注入远航的能量和强大的精神动力。

笃定信念,严于律己

"会泽百家,至公天下"是山师大百年不变的品格。在这里,追逐理想之光,厚筑人生底色,积蓄向上力量,把火热的青春融入强国复兴的伟大实践中。

一年一度的山东省师范类高校学生从业技能大赛,总会掀起一番激烈的竞争。篮球比赛、羽毛球比赛、足球比赛等各种各样的竞赛也是风起云涌,各路英豪齐聚一堂。

除了比赛,山师大学子们最喜欢扎堆的地方就是食堂。花甲粉不论是食材还是汤底都鲜味十足,口感鲜爽。吸收了汤汁味道的花甲粉吃到嘴里鲜滑爽口,大碗包着锡箔纸的花甲粉端上桌,分量充足,扑面而来的独特香味沁人心脾,诱得人马上胃口大开,果断嗦粉。餐厅里还有朝鲜面、肉夹馍、酸菜鱼、地三鲜、盖浇饭、小笼包、生煎、一楼馄饨、二楼自选水饺、汉堡、面条、脆皮鸡和烤鸭饭、酸辣粉、羊汤、双皮奶、鲜奶芋圆等美食。

锅底的汤汁香味诱人,金灿灿的鸡肉香气扑鼻,锅内氤氲着白色的热气,鸡肉与适量蔬菜搭配,鲜香爽口,口感丰富,色味俱佳。炒鸡肥而不腻,入口脱骨,丝滑嫩爽,配上一碗热腾腾的白米饭,真是暖意洋洋。瓦香饭里的酱汁堪称一绝,香甜不腻,咸甜夹杂,土豆泥般的柔软和笋片的筋道脆软,外加芹菜的香脆清爽,整道菜硬软度搭配恰当,酱汁棕中带红,黏稠爽滑,尝起来咸、甜、香融为一体,口中余味久久不能散去。

立德树人,无畏前行

曾经有人在知乎上提过一个这样的问题:"在山师大上学,是一种什么样的体验?"

其中一个高赞的回答是"浪漫"。

山东师范大学千佛山校区有一条网红大道,因其栽种的紫叶李枝繁叶茂,酷似武汉大学的樱花而被网友称为山师的"樱花大道"。每逢阳春三月,山师校园主干道600余棵紫叶李一齐开放,白色、粉色的花瓣随微风缓缓飘散,带来春的朝气,成为青年学子们心中的打卡胜地。东方红广场上的毛泽东塑像于1967年10月11日正式落成,姿态伟岸、气宇轩昂。和平鸽、琉璃瓦、彩绘梁枋、清水砖墙、灰白须弥座,格子窗投下别样的光,文气氤氲,古韵流淌,这是千佛山校区著名的文化楼。

千佛山下,明心湖畔,一座座建筑承载了各种各样的回忆,一张张明信片满载留恋。

报考和招录须知

- 山东师范大学的招生方式主要分为高考统招、保送、定向招录、人才培养计划四大类。
- 不同省份、不同区域,招录的分数线和标准不一。高考统招时,报考考生必须达到本省招录的最低分数线。
- 港澳台地区和外国国籍考生在符合招录条件的情况下择优顺序录取。

济南

山东大学

1901年,山东大学堂创办,是继京师大学堂之后中国创办的第二所官立大学。历经传承演变,1951年,山东大学和华东大学合校,仍被命名为山东大学,是山东省唯一的一所"985工程"和"211工程"院校。自此以后,"学无止境,气有浩然"成为山东大学的校训。

作为国内"985工程""211工程""双一流"的百年学府，坐落于济南市千佛山区的山东大学（简称山大）一直以来都是学子们向往的知识殿堂。

山大是一所有志向的大学，也是学子们实现理想的地方。在这个囊括哲学、经济学、法学、教育学、文学、历史学、理学、工学、农学、医学、管理学、艺术学12个学科、74个学院、93个本科专业的开放式学府，每个学生都可以通过学习让理想成为事业。

学无止境，气有浩然

"家国情怀、担当精神、崇实品格、创新素养。"

山大和其他大学最大的不同就是永远把"为国育贤、兴学图强"放在第一位。在这里，每个学生的开学第一课都是学会"学无止境，气有浩然"。

在山大，从复杂环境深部工程灾变模拟试验装备与关键技术及应用到高比例新能源电力系统电能净化关键控制技术及应用；从深部隧（巷）道复杂地层与TBM相互作用及安全控制关键技术到玉米淀粉及其深加工产品的高效生物制造关键技术与产业化，无不展示着山大学子未来将以何种姿态奔跑在青春的赛道上。"坚定理想，立大志，明大德，担大任"是山大对学子的殷殷期盼。

山大需要每个学生立志于不断增强做中国人的志气、骨气、底气，让青春在为祖国的不懈奋斗中绽放绚丽之花。"心中有国、眼里有光"是山大作为一所高校的责任，也是每个山大学子的责任。

"学无止境，气有浩然"可谓是慎思明辨的山大精神的一种形象而贴切的写照。在这里，学子们要立大志、明大德、成大才、担大任，与祖国同心、与世界同行、与时代同频，争取早日成为担当民族复兴大任的时代新人。

善学善思，敢想敢为

"会泽百家，至公天下"是山大百年不变的品格。在这里，坚持践行"学无止境，气有浩然"的校训精神，踔厉奋发、勇毅前行，在奋斗中书写青春绚丽的华章！

山东大学一年一度的"算能杯"研究生电子设计竞赛，总会掀起一番激烈的竞争。足球比赛、乒乓球比赛、篮球比赛等各种各样的竞赛也是风起云涌，各路英豪欢聚一处。

除了比赛，山大学子们最喜欢扎堆的地方就是各种食堂。餐厅有自选水果沙拉，各种精致小炒、西式甜品，还有网红菜品，而且提供下午茶服务，下午茶有同学们喜爱的榴莲酥、榴莲千层、披萨等。

理想大学城

洪家楼校区的食堂虽不大，但各地特色一应俱全，其中三食堂的菜品种类较多，肠粉、烧鸭饭、汉堡、披萨等都是不错的选择。悦园的选择较多，除自选菜品外，还包括牛排、鲅鱼水饺、掉渣饼、串串香等各类特色美食，无论你口味如何，总有一款能满足你的胃。风味餐厅及清真餐厅以特色为主，各种烤肉、麻辣香锅、蛋包饭一应俱全，除此以外，还有现场制作的拉面和水饺，刚出锅的热乎乎的美食最能抚慰人心。

崇实品格，创新素养

曾经有人在知乎上提过一个这样的问题："在山大上学，是一种什么样的体验？"其中一个高赞的回答是"善学"。

山大正南门、图书馆与知新楼刚好合成一个"山"字，门内"为天下储人才，为国家图富强"的石刻也是一道亮丽的风景！纵观八大校区，最有风格的体育馆便是位于中心校区的山东大学体育馆，极其现代化的构造，配以夜晚流光溢彩的灯光，它自然是山大北路上的一颗明珠。在校园的东侧坐落着国际教育学院，学院门前还有一个精致的小花园，有小桥，有假山，有流水，有婀娜摆动的枝条，赶在早晨上课前来，偶尔还能遇见练习中文的外国友人。从文理图书馆东侧沿着明德大道向北走，除了郁郁葱葱的行道树，还可路过这一处小庭院。这处看起来有些陈旧的院落，在绿叶、长椅、透着方格的白色石墙的陪衬下，相得益彰，别有一种宁静与清新。

一场秋雨过后，校园铺上了落叶地毯，处处都是拍照的同学。不寂寥，好热闹，秋日胜春朝。

报考和招录须知

- 山东大学的招生方式主要分为高考统招、保送、定向招录、人才培养计划四大类。
- 不同省份、不同区域，招录的分数线和标准不一。高考统招时，报考考生必须达到本省招录的最低分数线。
- 港澳台地区和外国国籍考生在符合招录条件的情况下择优顺序录取。

济南大学

济南

1948年，山东建筑材料工业学院成立。历经传承演变，经教育部批准，山东建筑材料工业学院和济南联合大学合并组建济南大学。2001年4月，原民政部济南民政学校和原山东省物资学校并入济南大学，入选国家"111计划"，为"一带一路"智库合作联盟理事单位。"弘毅、博学、求真、至善"是济南大学的校训。

理想大学城

作为国内著名的高等学府,坐落于济南市南辛庄西路的济南大学(简称济大)一直以来都是学子们向往的知识殿堂。

济大是一所有志向的大学,也是学子们实现理想的地方。在这个拥有经济学、法学、教育学、文学、历史学、理学、工学、医学、管理学、艺术学、交叉学科11个学科、23个学院、70个本科专业的开放式学府,每个学生都可以通过学习让理想成为事业。

弘毅博学,求真至善

"大学因真理而生,因真理而兴,因真理而辉煌。"

济大和其他大学最大的不同就是永远把"党旗领航、培根铸魂"放在第一位。在这里,每个学生的开学第一课都是学会弘毅博学,求真至善。

在济大,从流空间理论在城乡发展中的探索与应用到复杂环境下输电线路通道智能防护关键技术及装备产业化;从汽车尾气催化净化关键技术及应用到低维半导体材料生长的精确调控,无不展示着济大学子未来将以何种姿态奔跑在青春的赛道上。"脚下有根,胸中有志,眼里有光,人生有为"是济大对济大学子的殷殷期盼。

济大需要每个学生立志于以实现中华民族伟大复兴为己任,坚守初心使命、勇挑时代重担、致力合作共赢。"铸魂育人、兴学强国"是济大作为一所高校的责任,也是每个济大学子的责任。

"弘毅博学,求真至善"可谓是追求真理的济大精神的一种形象而贴切的写照。在这里,学子们以"千磨万击还坚劲"的毅力,在人生的历练中百折不挠,以"直挂云帆济沧海"的姿态,在平凡的生活中绽放出绚丽之花。

艰苦奋斗,聚力同行

"艰苦奋斗,聚力同行"是济大百年不变的品格。在这里,重视知识的宽度和学习的深度,做到敏于求知、敢于创新、勇于实践,不辜负家长的期望、学校的期望和民族的期望。

济大一年一度的ACM国际大学生程序设计竞赛,总会掀起一番激烈的竞争。拔河比赛、羽毛球比赛、篮球比赛等各种各样的竞赛也是风起云涌,各路英豪欢聚一处。

除了比赛,济大学子们最喜欢扎堆的地方就是各种食堂。小火锅酸辣鲜香,在一众美味中辨识度极高,率先成为味蕾的主导者;水煮鱼嫩滑爽口,糖醋排骨更是肉质软烂、入口细嫩,轻轻一咬,浓郁的酱香就在唇齿间流淌;黑椒拌饭里的米饭颗粒饱满，黑椒肉滋味诱人；热干面汤汁浓郁，小咸菜也十分可口；水饺馄饨热气腾腾，雾气里氤氲的是像家一样的温暖。

与时俱进，乘势而上

曾经有人在知乎上提过一个这样的问题："在济大上学，是一种什么样的体验？"

其中一个高赞的回答是"诗意"。

济大给人的惊喜，藏匿于校园的每一个角落，春天的滋兰苑、夏天的甲子湖、秋天的银杏和冬天初雪的清晨……漫步于济大校园，总能让人身心愉悦。青龙山麓，白鹭飞翔。看繁盛葱茏的绿色景致，一草一木间，流光肆意。青春的脚步奔腾不息，激情的汗水不断流淌，少年在登山途中永远活力四射，用激情书写绚丽的篇章。

甲子湖畔，书声琅琅。水面光滑如镜，层层鳞浪随风起。杨柳依依，随风飘扬，波光粼粼的湖面倒映着湖边的美景。古朴沉稳，日月之行。报时钟声悠扬，晚时光照八方。持日月之恒，带着岁月的穿音，跨越亘古不变的时光，见证着学子们风华正茂的青春。叶子渐进，形象升腾。蓬勃发展的形象，象征茁壮成长的莘莘学子。孕育希望，开启新征程，是梦想的开始，是青春的旅途，愿你锐意进取，不断升华。

报考和招录须知

●济南大学的招生方式主要分为高考统招、保送、定向招录、人才培养计划四大类。

●不同省份、不同区域，招录的分数线和标准不一。高考统招时，报考考生必须达到本省招录的最低分数线。

●港澳台地区和外国国籍考生在符合招录条件的情况下择优顺序录取。

青岛

青岛大学

1909年,青岛特别高等专门学堂创立。历经传承演变,1993年,原青岛大学与青岛医学院、山东纺织工学院、青岛师范专科学校合并成为新的青岛大学,是山东省属高校高水平大学"冲一流"建设高校。"明德博学,守正出奇"为青岛大学的校训。

作为国内冲一流的百年学府，坐落于青岛市浮山区的青岛大学（简称青大）一直以来都是学子们向往的知识殿堂。

青大是一所有志向的大学，也是学子们实现理想的地方。在这个拥有哲学、经济学、法学、教育学、文学、历史学、理学、工学、医学、管理学等12个学科、34个学院、79个本科专业的开放式学府，每个学生都可以通过学习让理想成为事业。

明德博学，守正出奇

"德艺双馨、潜心育人、仁者兴学、智者安邦。"

青大和其他大学最大的不同就是永远把"教授高深学问，养成硕学宏才，应国家之需要"放在第一位。在这里，每个学生的"开学第一课"都是学会明德博学，守正出奇。

在青大，从高精度圆网印花及清洁生产关键技术研发与产业化到基于小儿肝胆胰计算机辅助手术系统研发、临床应用及产业化；从高品质棉型纺织品清洁染色关键技术及产业化应用到多重杂化纳米组装体及光电生物柔性可穿戴关键技术，无不展示着青大学子未来将以何种姿态奔跑在青春的赛道上。"孜孜求学、薪火相传、百舸争流、奋楫者先"是青大对青大学子的殷殷期盼。

青大需要每个学生立志于把青春写进祖国和时代的字典里，坚守青春信仰，永葆昂扬的奋斗姿态，跑出当代青年的最好成绩。"祖国需要之际，吾辈当竭尽全力"是青大作为一所高校的责任，也是每个青大学子的责任。

"明德博学，守正出奇"可谓是慎思明辨的青大精神的一种形象而贴切的写照。在这里，学子们珍惜大好时光，心无旁骛，潜心求学，日积月累，不断积蓄改变世界的力量！

腾飞逐梦，扬帆领航

"腾飞逐梦，扬帆领航"是青大百年不变的品格。在这里，筑牢知识根基，以奋进的姿态、奋斗的毅力锻造出属于当代青大学子的独特印记！

青大一年一度的"海文杯"精英辩论赛，总会掀起一番激烈的竞争。大学生职业生涯规划大赛、篮球比赛、羽毛球比赛等各种各样的竞赛也是风起云涌，各路英豪欢聚一处。

除了比赛，青大学子们最喜欢扎堆的地方就是各种餐厅。青岛大学现有6个餐厅，其中浮山校区有4个。青岛大学餐厅有包子、饺子、馄饨、小笼包等各种面点，主食种类齐全，任你挑选！菜品数不胜数，烹炒、凉拌，家常菜色、荤素搭配，保证你营养均衡！滢园有两层，一层有一个窗口卖饼卷，各种配料很好吃，还有煮公仔面，不加配料3元一碗，你也可以加蛋、加肠，按自己的喜好。此外，奶茶有蜜雪冰城，味道也很好。

奋发有为，强健体魄

曾经有人在知乎上提过一个这样的问题："在青大上学，是一种什么样的体验？"其中一个高赞的回答是"美丽"。

青大的金家岭校区地处山海相连之间，东临午山，西接金家岭山，南有石老人海水浴场，然而剑湖是金家岭校区师生眼中最美的风景。杨柳依依，微风拂面，剑湖是每一个青大人内心的牵挂：对于初来乍到的新生，它是被赞叹不已的景观；对于在校学生，它是金家岭校区多彩校园生活的一部分；对于即将毕业的学生，它是被珍贵留存的照片；对于校友们而言，剑湖是在午夜梦回时对母校留下的一抹深深剪影。

水中鱼，湖边雁；戏鸳鸯，游白鹅；水上龙舟，湖边漫步；二三小友，黄毛耄耋。上至飞雁，下至游鱼，往来师生，都是剑湖旁熟悉的身影。剑湖畔的生活，早已融入青大的校园文化。位于青岛市大学路7号的青岛市美术馆是青岛"万字会"旧址，也是青岛市的历史优秀建筑。中国传统建筑特有的黄瓦红墙，在暖阳中散发着温暖气息。美术馆的外墙拐角处的景色，也是青岛第一热门打卡地，每天都吸引着无数游客在此合影留念。

作为传说中的"花园学府"，青大校内的热门地标实在太多，如儒雅端庄的孔子像、洁白明艳的香港回归纪念钟、绿草茵茵的情人坡、锦绣艳丽的樱花道等。

浅浅的海风吹过学子稚嫩的脸庞，深吸一口，是青春的味道。

报考和招录须知

● 青岛大学的招生方式主要分为高考统招、保送、定向招录、人才培养计划四大类。

● 不同省份、不同区域，招录的分数线和标准不一。高考统招时，报考考生必须达到本省招录的最低分数线。

● 港澳台地区和外国国籍考生在符合招录条件的情况下择优顺序录取。

青岛

中国海洋大学

1924年，私立青岛大学创立。1959年，山东海洋学院成立。历经传承演变，1988年更名为青岛海洋大学，是中国唯一一所教育部直属的重点综合性海洋院所。"海纳百川，取则行远"为中国海洋大学的校训。

理想 大学城

作为国内"985工程""211工程""双一流"的百年学府，坐落于青岛市崂山区的中国海洋大学（简称中国海大）一直以来都是学子们向往的知识殿堂。

中国海大是一所有志向的大学，也是学子们实现理想的地方。在这个囊括理学、工学、农（水产）学、医（药）学、经济学、管理学、文学、法学、教育学、艺术学10个学科、20个学院、75个本科专业的开放式学府，每个学生都可以通过学习让理想成为事业。

海纳百川，取则行远

"千川汇海阔，风好正扬帆。"

中国海大和其他大学最大的不同就是永远把"海洋强国、健康中国"放在第一位。在这里，每个学生的开学第一课都是学会海纳百川，取则行远。

在中国海大，从养殖鱼类蛋白质高效利用的调控机制到复杂深海工程地质环境原位长期观测技术、装备及应用；从海藻生物加工关键技术及产业化应用到风场三维高分辨率遥感激光雷达及应用，无不展示着中国海大学子未来将以何种姿态奔跑在青春的赛道上。"教授高深学术，养成硕学宏才，应国家需要"是中国海大对中国海大学子的殷殷期盼。

中国海大需要每个学生立志于破浪前行、行稳致远，在社会主义现代化建设中做可堪大用、能担重任的栋梁之材。"堪大用，担重任，做栋梁"是中国海大作为一所高校的责任，也是每个中国海大学子的责任。

"海纳百川，取则行远"可谓是为国育才的中国海大精神的一种形象而贴切的写照。在这里，秉承"经略海洋"之国策，孜孜不倦、执着探索。

可堪大用，有大作为

"可堪大用，有大作为"是中国海大百年不变的品格。在这里，坚定向海图强的家国情怀，立德树人、勤朴忠实、强农兴农、深耕一线，报国逐梦。

中国海洋大学一年一度的中船模设计与制作大赛，总会掀起一番激烈的竞争。中国机器人及人工智能大赛、篮球比赛、水族造景大赛等各种各样的竞赛也是风起云涌，各路英豪欢聚一处。

除了比赛，中国海大学子们最喜欢扎堆的地方就是各种食堂。中国海洋大学崂山校区有多个食堂，教学区与宿舍区均有分布，每个食堂都有其独特的菜品可供选择。从东北乱炖到海南盖饭，从中式小吃到西式甜点，海大食堂的菜品种类遍布祖国的大江南北，注重中西结合。餐厅内设麻辣烫区、旋转小火锅区、饮料甜品区等，而且第四食堂的宵夜对于晚课结束饥肠辘辘的同学真的是超级友好哇！海梦咖啡厅、树下空间咖啡厅和海韵甜品店也是海大学子经常光顾的地方。海梦、树下空间环境雅致，饮品小吃精致美味，价格稍高，海韵价格相对较低，进店自选，方便打包。

崇尚学术，谋海济国

曾经有人在知乎上提过一个这样的问题："在中国海大上学，是一种什么样的体验？"

其中一个高赞的回答是"壮观"。

中国海洋大学崂山校区坐落于崂山风景区脚下，是海大的主校区，建成于2005年。校园里的建筑以欧式风格为主，校园里的色调以黄色的暖色系为底色，和青岛城区里的许多旧式古建筑颜色比较接近。

中国海大鱼山校区是老校区，毗邻青岛美术馆、栈桥、信号山、老舍故居、第一海水浴场等青岛市著名景点，置身于这样浪漫的环境中，让人心旷神怡！校园里树木参天，绿意盎然，和漂亮的建筑相得益彰，走在这样的校园里真的是太幸福了。闲暇之时，捧上一本自己喜欢的书，坐在树下，那再美好不过了！

红瓦绿树，山海相映，八关山读月，五子顶揽风，浮山畔听海，西海岸踏浪。

报考和招录须知

● 中国海洋大学的招生方式主要分为高考统招、保送、定向招录、人才培养计划四大类。

● 不同省份、不同区域，招录的分数线和标准不一。高考统招时，报考考生必须达到本省招录的最低分数线。

● 港澳台地区和外国国籍考生在符合招录条件的情况下择优顺序录取。

南昌

江西财经大学

1923年，江西省立商业学校创立。历经传承演变，1996年，该校更名为江西财经大学，入选国家首批卓越法律人才教育培养计划。自此以后，"信敏廉毅"成为江西财经大学的校训。

作为国内一流的百年学府，坐落于南昌市蛟桥园校区的江西财经大学（简称江财）一直以来都是学子们向往的知识殿堂。

江财是一所有志向的大学，也是学子们实现理想的地方。在这个囊括经济学、管理学、法学、工学、文学、理学、艺术7个学科、17个学院、52个本科专业的开放式学府，每个学生都可以通过学习让理想成为事业。

信敏廉毅，躬耕自省

"带着希望而来，拼尽全力成长。"

江财和其他大学最大的不同就是永远把"信而达礼、敏而好学、廉而知耻、毅而弥坚"放在第一位。在这里，每个学生的开学第一课都是学会信敏廉毅，躬耕自省。

在江财，从工业大数据统计测度理论及应用研究到生态产品价值实现与乡村振兴的协同机制研究；从基于视觉感知的全景视频分析与处理关键技术研究到视频图像特征表达与智能分析，无不展示着江财学子未来将以何种姿态奔跑在青春的赛道上。"负起时代的艰辛，莫辞复兴的劳辛"是江财对江财学子的殷殷期盼。

江财需要每个学生立志于用脚开路、不辞万苦，凭着江财人"路在脚下、苦在当下"的"两下子"精神，跑出当代青年的最好成绩。"把强国之志融入理想"是江财作为一所高校的责任，也是每个江财学子的责任。

"信敏廉毅，躬耕自省"可谓是慎思明辨的江财精神的一种形象而贴切的写照。在这里，学子们运用想象力把未来勾画出来，形成能激发感情力量的理想，从而在理想的引领下实现自我的突破。

置身事内，事上磨炼

"会泽百家，至公天下"是江财百年不变的品格。在这里，临事不惑、处事不忧、断事不惧、容事不淫、敬事不移、执事不屈。

一年一度的"挑战杯"江西省大学生课外学术科技作品竞赛，总会掀起一番激烈的竞争。网球比赛、篮球比赛、乒乓球比赛等各种各样的竞赛也是风起云涌，各路英豪欢聚一堂。

除了比赛，江财学子们最喜欢扎堆的地方就是各种食堂。在南昌的高校中，江财可以被称为"别人家的食堂"。南方的精粮米饭，北方的粗粮面饺，沿海的清淡口味，内陆的鲜辣滋味，这里都一应俱全。江财的主要食堂有蛟桥北区鼎食轩、蛟桥南区心怡餐饮、麦庐校区一食堂、麦庐校区二食堂。粉面、馄饨、小笼包、快餐、水果、煎饼、肉片、冷面等应有尽有，给江财学子留下了一份难忘的美味记忆。大颗虾仁的水饺，看起来就令人食欲大增。

奶茶店、水果捞满足了学生们的额外需求。南区食堂是住在南区的同学的美好记忆。久负盛名的兰州拉面、麻辣烫、麻辣香锅、黄焖鸡米饭等都是江财人的首选。

永不懈怠，永葆善良

曾经有人在知乎上提过一个这样的问题："在江财上学，是一种什么样的体验？"其中一个高赞的回答是"精致"。

宁静雅致的图书馆是江西财经大学深厚文化底蕴的象征，书香悠悠，江财人爱读书，会读书，不是在图书馆就是在去往图书馆的路上。江西财经大学东临赣江碧水，西接梅岭烟霞，北吸锦绣庐山之灵气，南纳雄伟井冈之精神。现有蛟桥园、麦庐园、枫林园、青山园四个校区。占地面积共2200余亩，建筑面积100余万平方米，馆藏各类图书862万册。校园幽香雅静，错落有致，层层叠翠，湖光潋滟。四季轮换，岁月流淌，温暖如阳的郁金香为春天带来一丝暖意，出淤泥而不染的莲花让东湖更加清新悠扬。

芳香满园的桂花，紧随着秋天的脚步到来，傲雪寒霜的蜡梅，为皑皑冬日添上一抹亮色。

报考和招录须知

● 江西财经大学的招生方式主要分为高考统招、保送、定向招录、人才培养计划四大类。

● 不同省份、不同区域，招录的分数线和标准不一。高考统招时，报考考生必须达到本省招录的最低分数线。

● 港澳台地区和外国国籍考生在符合招录条件的情况下择优顺序录取。

南昌

南昌大学

2017年,入选国家首批"双一流"建设高校。"格物致新,厚德泽人"为南昌大学的校训。

作为国内"211工程""双一流"的百年学府，坐落于南昌市前湖校区的南昌大学一直以来都是学子们向往的知识殿堂。

南昌大学是一所有志向的大学，也是学子们实现理想的地方。在这个拥有文学、经济学、法学、理学、工学、农学、医学、管理学、艺术学等12个学科、22个学院、132个本科专业的开放式学府，每个学生都可以通过学习让理想成为事业。

格物致新，厚德泽人

"人为本、德为先、学为上。"

南昌大学和其他大学最大的不同就是永远把"植赣鄱大地，传承红色基因，广纳文明精髓"放在第一位。在这里，每个学生的开学第一课都是学会格物致新，厚德泽人。

在南昌大学，从高性能荧光标记探针的设计、构建及免疫层析应用到拮抗癌基因泛素化修饰在肝癌进展中的作用；从多孔碳吸附剂的可控制备和表面化学调控研究到蛋白质翻译后修饰预测与信息挖掘研究，无不展示着南昌大学学子未来将以何种姿态奔跑在青春的赛道上。"爱国奉献、与国同进"是南昌大学对学子的殷殷期盼。

南昌大学需要每个学生立志于明确奋斗目标，淡泊名利、戒骄戒躁，以为国家、为人民、为科学作贡献为一生的追求。"心系家国"是南昌大学作为一所高校的责任，也是每个南昌大学学子的责任。

"格物致新，厚德泽人"可谓是开放自信的南昌大学精神的一种形象而贴切的写照。在这里，博学之、审问之、慎思之、明辨之、笃行之，不唯上、不唯书、不唯洋、只唯实。

团结协作，敢于作为

"会泽百家，至公天下"是南昌大学百年不变的品格。在这里，学子们求知探索、增长才干、放飞梦想，立志做自立自强的有为青年，不负时代、不负韶华。

南昌大学一年一度的"挑战杯"全国大学生课外学术科技作品竞赛，每年都会掀起一番激烈的竞争。田径比赛、排球比赛、拔河比赛等各种各样的竞赛也是风起云涌，各路英豪欢聚一处。

除了比赛，南昌大学学子们最喜欢扎堆的地方就是食堂。学校的食堂有十余个。有日式料理、黄焖鸡、烤饭、焖锅、汉堡等，品种繁多，品相也很好。早餐是北方面食以及南方的包子和粥，集南北方美食于一身，色香味俱佳。午餐和晚餐主要是江西风味的中餐，每天的菜品繁多，别有风味，当然不能吃辣的同学们打菜时要看清楚标识。这里有空调供应，为同学们提供了干净舒适的就餐环境。211美食城的美食既丰富又美味，适合错过了饭点或者偶尔想换换口味的同学去品尝，烤肉饭、麻辣烫、日料、奶茶应有尽有，是一个物美价廉的好地方。这里有麻辣香锅、面包店、水果店、杨国福麻辣烫、鸡公煲、华莱士之类的小店。三楼有一家食物美味、环境优美的音乐餐厅，是一个午后休闲、朋友聚餐的好去处。

爱国自强，创新唯实

曾经有人在知乎上提过一个这样的问题："在南昌大学上学，是一种什么样的体验？"

其中一个高赞的回答是"精美"。

正气广场是南昌大学的标志性建筑之一，是一个占地3万平方米，半径为92米，深6米的圆形下沉式广场，紧邻龙腾湖。在湖面与广场的交界处，有一座中华正气龙雕塑。学校每年的开学典礼都是在这里举行，上万名学子聚集于此。南昌大学前湖校区山环水绕，风光绮丽。龙腾湖、润溪湖等水系贯穿整个校园。传说中，该校前湖校区正门是全国高校中最大的一道门。整扇门呈圆弧状，总长数百米，高数十米。其中，三分之一是中国传统的牌坊式建筑风格，在阳光照射下，"南昌大学"四个大字熠熠生辉；另外三分之二仿照罗马建筑风格，深红色的大理石材料凸显厚重之感。

仪凤山和来龙山保留着原生态植被，处处鸟语花香。每间教室和宿舍都能看见校园的美丽风景。润溪湖紧挨着南门，旁边的小坡上绿树成荫，桃花盛开，会让人产生一种错觉，仿佛来到了森林公园。三月暖阳洒落，草坡上坐着的学生们或诵读，或闲谈，或静思。

报考和招录须知

● 南昌大学的招生方式主要分为高考统招、保送、定向招录、人才培养计划四大类。

● 不同省份、不同区域，招录的分数线和标准不一。高考统招时，报考考生必须达到本省招录的最低分数线。

● 港澳台地区和外国国籍考生在符合招录条件的情况下择优顺序录取。

南京

南京大学

2002年,南京大学迎来了百岁华诞,在时任校长蒋树声的倡导下,学校决定在百年校庆前夕进行校训的征集工作。经过广泛征求意见,学校决定将"诚朴雄伟,励学敦行"作为南京大学新的校训。"诚朴雄伟"原是中央大学时期的校训,"励学敦行"是从中国古代先贤名句中摘取而来。"励学"二字出自宋真宗的《励学篇》,"敦行"见于《礼记·曲礼上》:"博闻强识而让,敦善行而不怠,谓之君子。"八字校训,不仅言简意赅,朗朗上口,易于传记,而且端庄大气,寓意深刻,富有哲理。

自改革开放以来,作为教育部直属的"985工程""211工程"重点综合性大学,南京大学在崭新的历史机遇中重新焕发生机,在教学、科研和社会服务等各个领域保持良好的发展态势,各项办学指标和综合实力均位居全国高校前列。截至2013年10月,南京大学设40个院系,开设本科专业91个。

历史悠久,分校纷纭

南京大学创建于1902年,先后经历三江师范学堂、两江师范学堂、南京高等师范学校、国立东南京大学学、第四中山大学、国立中央大学等时期。1949年,国立中央大学更名为南京大学。1952年,南京大学与金陵大学合并,组建为新的南京大学。

在一个多世纪的办学历程中,南京大学及其前身与时代同呼吸、与民族共命运,谋国家之昌盛、求科技之进步,为国家的富强和民族的振兴作出了重要贡献。如今,南京大学在崭新的历史机遇中焕发出蓬勃的生机,首批入选国家"211工程"和"985工程"建设序列,首批入选国家"双一流"建设高校。

南京大学被誉为"中国科学社的大本营和科学发展的主要基地",被杨振宁称赞为"中国最顶尖的大学",一直以来都备受社会各界关注。其校区数量也成了一个热门话题。南京大学共有四个校区,分布在南京、苏州两地。其中,南京的三个校区分别为鼓楼、仙林、浦口校区。

这边风景独好

漫步在南京大学校园里古老的建筑中,对话前人的心灵感悟,远离现代喧嚣的静谧安宁,这一切都如此美妙。肃穆庄重的北大楼,雅致恢宏的大礼堂,承载着南京大学风雨的校史博物馆,每一处都值得南京大学学子驻足寻根。高大的树,慵懒的猫,我们与自然一同栖息在鼓楼校区这片钟灵毓秀之地。

南京大学鼓楼校区为金陵大学旧址所在地,所以至今还保存着金陵大学的部分建筑,比如还清晰可见的"金陵大学堂",以及"五二零纪念亭"等字样。

来南京大学游览,具有中西合璧建筑风格的北大楼不容错过。此"北大"非彼"北大",只是因其坐北朝南故称北大楼。它是原金陵大学的钟楼,至今已经有上百年的历史,生生不息。如果在这里拍照,一同收入取景框的还有那满墙苍翠的爬山虎。从远处望去,北大楼和江苏广播电台大厦远近相映。

北大楼附近的大礼堂,原是金陵大学的礼拜堂,整个礼堂古朴典雅,与北大楼高低相衬，端庄肃穆却又温馨美好。

仙林校区也是南京大学的一个校区，其位置在南京市栖霞区仙林大学城内，占地面积达1000多亩，是南京大学在21世纪新阶段的重要发展战略之一。进入仙林校区，首先映入眼帘的是宽敞明亮的大道和绿树成荫的步行街。漫步在步行街上，教学楼、宿舍楼、图书馆等一系列校园建筑物的美丽景色尽收眼底。相信这里的每个人都会同感这里的美好和动人，留下美好的回忆。

舌尖上的南大美食

《舌尖上的南大》让人口水直流，精美程度连本校学生都觉得诧异，"真是我们食堂的菜？"

辣子鸡、小笼包、锅贴、梅菜扣肉、猪肘、水煮鱼……70多道南京大学食堂的菜肴，在几名学生的镜头下，俨然成为星级餐厅的高档佳肴。

在鼓楼校区吃饭，更是拥抱和感受舌尖上的南大的好机会。丰富的食物让同学们的生活变得精彩，金黄色的烤冷面在铁板上滋滋作响，砂锅里咕噜咕噜冒着气泡，米饭在石锅的炙烤下结成金黄色的锅巴，黄焖鸡汤里浸泡着碧绿的青菜和顺滑的豆皮，打菜窗口传出阵阵香气……

报考和招录须知

●南京大学的本科招生工作实施"阳光工程"，坚持"公平公正、全面衡量、综合评价、择优录取"的原则，选拔和录取适合南京大学人才培养要求的优秀学生。

●面向农村及贫困地区的国家专项计划和励学计划、民族班、内地新疆高中班、内地西藏班、华侨和港澳台地区考生录取按照教育部相关规定及南京大学有关招生办法执行。

●按照文史类、理工类分类录取考生。实行高考综合改革省份录取工作按照当地招生主管部门政策执行。

南京

南京审计大学

南京审计大学的校训是"诚信、求是、笃学、致公"。校训既弘扬了中华民族优秀的传统文化,又融合了现代教育教学理念;既传承了南审人的创业精神,又吸纳了当代中国审计文化的精神内核。诠释校训的"诚信品质、科学精神、追求卓越、致公情操"成为学校广大师生员工的行动指南和核心价值追求。

南京审计大学（简称南审）位于江苏省南京市，是我国唯一以"审计"命名的全日制普通本科院校，为我国审计高等教育的发祥地之一，因审而立、为审而存、依审而兴、靠审而强。

南京审计大学是一所以审计为特色的大学，相对于其他高校来说，专业性更强，也是中国唯一被国际内部审计师协会（IIA）认证为"内部审计教育伙伴"（IAEP）的合作级高校。

校园大写的美

过春风，入夏天。在南审，一道特别的风景，大片的云朵会在你的眼前停留。

春天，早早盛开的梅花、向天空舒展身姿的玉兰，挨挨挤挤的二月兰，还有大家心心念念的樱花，它们挨个儿带你欣赏最美的南审。

过完春，迎来夏。在南审的夏天，空气中弥漫着甜蜜的味道。远处的水面上，睡莲有的含苞，有的盛放。

南京的秋总是悄悄而来，匆匆而去。

只见阳光洒在润泽湖上，像是遇见了另一抹色彩。一天的起始都融入在这温暖的橙色中，令人心旷神怡！

四大食堂，总有一个适合你

在南京审计学院有沁园、润园、泽园、澄园四个食堂。

有网友评价沁园食堂，菜肴绝对是南审四个食堂中味道最好的，但价格也是最贵的。三楼火锅很实惠，二楼的千层饼是很多南审人的早餐必备。

千层葱油大饼特别好吃，外脆内软，而且特别有嚼劲，每次到食堂吃饭，总要买一小块来解馋。

关于润园食堂，有学子曾评价说："包天下的包子吃起来也相当可口。其中最具特色的是那里的鱼香烘蛋，可谓南审吃食的一大特色，保证你吃了一盘还想吃第二盘。"

都说润园食堂是南审最好的食堂，食堂前还有匾额，也标明全国百佳食堂。

关于泽园，早餐品种丰富，价格不高，午餐菜品价格不贵，分量也可以，晚餐兼具早午餐的品种，选择余地很大。

澄园餐厅坐落于澄园篮球场对面，推开透明门帘，迎接你的是诱人的资溪面包、韭菜小饼、烤肠卷、生煎包、葱油饼，澄园餐厅拥有烧烤这一十分受欢迎的夜宵，在忙碌的学习生活过后，很多同学都喜欢来几串烧烤犒劳一下自己。

满满的审计元素

南京审计大学是我国唯一以"审计"命名的全日制普通本科院校,也是我国审计高等教育发祥地之一,因审而立、为审而存、依审而兴、靠审而强。

南京审计大学的大门很有意思,可概括为"门中门,门非门、非常门",校名由第四任审计长,第十一届全国政协副主席,南京审计大学名誉校长李金华亲笔题词。

南京审计大学的校训石与倒映之景连成一圆,在灯光的映照之下,恍然有海上生明月之感,再与星月遥对,其间意蕴无穷,可以澄心静虑,可以物我两忘。

学校将教授楼命名为"位育"楼,"位育"是各守其分、各居其位、各尽其责。南审校园的美丽和谐自不待言,莘莘学子的茁壮成长自不待言。

当然,南审作为"国内唯一一所以审计命名的大学",其象征意义大于实际意义,主要还是要以审计为核心保证学科质量,不能把专业作为敲门砖。

这所大学的学习气氛非常浓,几乎每个人都想着考研和考证书,学校能提供的资料很多,老师对于考研和考证都很支持,还有导师带领做大创,参加商赛,做项目拿奖等。

报考和招录须知

● 凡符合生源所在地各省(自治区、直辖市)招生委员会规定的报名条件的考生均可报考。考核方式:学生须参加全省统一组织的普通高考。

● 学校按照理科类、文科类分类录取,高考综合改革试点省(市)不分文理的,按其高考改革方案相关规定进行录取。

● 学校严格按教育部和各省(自治区、直辖市)的相关规定执行加分优惠政策。学校认可各省(自治区、直辖市)招生主管部门符合教育部有关规定的加分投档政策。符合教育部规定的具有加分条件的考生,按照加分后的成绩调档,参与专业排序。

南京

东南大学

2002年3月,东南大学校领导集体会议审议通过,确定"止于至善"为东南大学校训。此校训符合东南大学严谨好学的校风。完善自我,关爱他人,追求至善,保持卓越。

作为海内外著名高等学府的东南大学（简称东大），坐落于六朝古都南京，是中国最早的高等院校之一，享有"高等院校圣地"和"东南一流高等院校"的美誉，多年以来一直是莘莘学子放飞梦想的地方。

东南大学作为"985工程""211工程"重点院校，其名声和地位非常显赫。这是一所以工科为主要特色的综合型、研究型大学，涵盖哲学、经济学、法学、教育学、文学、理学、工学、医学、管理学、艺术学、历史学等多门学科。东大以一流的学科和专业实力成为众多学子向往的知识殿堂。

深受考生青睐

东南大学是国家"985工程"和"211工程"重点大学之一。不仅如此，它还拥有丰富的师资和科研资源。东南大学拥有多个计算中心教学基地，教学设施完善，校园环境优美。走进校园，你会感受到历史悠久的魅力。学生们的生活条件十分优越，食堂里的食物美味可口，图书馆藏书近227万册。许多国际著名科学家都曾参观过东南大学，这表明东南大学拥有强大的科研力量。

不仅如此，东南大学还拥有23个国家特色专业建设点，包括建筑、热能与动力工程、信息工程等。在新一轮大学学科评估中，东南大学拥有五个A+类国家重点学科。这充分显示了东南大学在全国大学中的优势地位及极高的声誉水平。

九龙湖动物园

曾几何时，华中科技大学的野猪、白狐，武汉大学的红狐狸等动物一度在网络蹿红，成为知名"护校神兽"。而南京不少高校屡有野猪出没，不断刷屏网络。

无独有偶，坐落于牛首山和方山之间的东南大学九龙湖校区，除了野猪出没，黄鼠狼和蛇也是学校的"常客"，同学们对此已经见怪不怪，甚至能和它们和谐相处，学校里还出现了不少喂养动物的同学。因此，该校区被学生戏称为"东南大学九龙湖动物园"。

东大九龙湖校区里有一片湿地，下大雨的时候，水会漫出来，同时冒出来的还有很多小龙虾。这时候，东大的学生便蜂拥而至，端着盆子，拿着塑料袋，欢天喜地地捉龙虾。

如此大的校园不加以利用岂不可惜，因此东南大学根据新校区的场地情况，将集体早操更改为跑操制度。每天清晨，大一、大二的新生都会伴随着悠扬的音乐，沿着固定的路线完成"跑操"的打卡任务。

赛车流行风

如果有幸来东南大学参观的话，你很可能会在教室门口偶遇几辆疾驰而过的赛车，那是东南大学的方程式赛车队在马路上试车。这个赛车队由机械、电子、能环、艺术等多个院系的学生自发组建，分为燃油、纯电力和无人驾驶三支方程式车队。

他们在大赛中屡有斩获，不仅在中国大学生方程式汽车大赛等比赛中屡次名列前茅，还曾一举打破了低燃油消耗的世界纪录。

假如你对赛车不感兴趣，这里还有其他丰富多彩的校园活动在等着你。

学校每年都会举办声势浩大的跨年演唱会，九龙湖校区的焦廷标馆举办新年音乐会，邀请来自国内外知名的交响乐团进行表演。

东南大学还举办一年一度的"社彩缤纷"活动。东南大学拥有88个校级学生社团。所属各部门及校学生会、校科协、在"2022东南大学新生文化季"系列活动的招新现场，上百个学生社团与学生组织在各自的展位上尽显风采。这也让刚入校的新生在新学期开学后首次全面、充分感受了东大校园文化的丰富多彩和东大学子的创思、激情与活力。本次活动同时进行了线上直播，让各校区的新同学都有了解和加入学生社团和学生组织的机会。

总之，在东南大学，你的生活想单调都不可能。

报考和招录须知

● 东南大学按照文史类、理工类和艺术类分类录取考生。对于生源地为高考综合改革省份的考生，选考科目必须与报考专业要求相一致，录取时东南大学按照高考综合改革省份公布的方案及有关办法执行。

● 依据教育部颁布的本年度《教育部关于做好普通高校招生工作的通知》和《普通高等学校招生工作规定》，全面贯彻实施高校招生"阳光工程"，本着公平、公正、公开的原则，综合评价，择优录取。

● 特殊类型招生录取办法，按照教育部等国家相关部门的规定及东南大学制定的具体招生办法执行。

南京

南京邮电大学

素有"通信小清华"之称的南京邮电大学始终秉承着"信达天下,自强不息"的南邮精神,践行"厚德、弘毅、求是、笃行"的校训,发扬"勤奋、求实、进取、创新"的校风。

理想 大学城

南京邮电大学（简称南邮）位于江苏省南京市栖霞区仙林大学城内，地理位置十分优越，人文气息浓厚。目前学校已发展成为一所以工学为主体，以电子信息为特色，理、工、经、管、文、教、艺、法等多学科相互交融，博士后、博士、硕士、本科等多层次教育协调发展的高校。学校现有仙林、三牌楼、锁金村、江宁四个校区，25个院（部、中心），另外还在扬州建立了独立学院——南京邮电大学通达学院。

舌尖上的南邮

南京邮电大学一共有四个食堂：仙林校区有三个食堂，南一食堂靠近梅、兰苑，南二靠近竹、菊苑，南三靠近桃、李、柳、桂、荷苑及青教。三牌楼校区有一个食堂。

南一食堂的木桶饭物美价廉，喜欢吃米饭的同学不容错过，天然米香搭配各类食材，搅拌均匀，汤汁浸泡到米饭当中，让人瞬间胃口大开。

南二食堂离图书馆是最近的。和南一、南三一样，一楼是自选套餐，二楼则是各种不同的窗口。南二食堂的肉糟饭，蒸蛋跟肉酱混合，还有绿色蔬菜的点缀，营养均衡，色香味俱全。

南三食堂的土家酱香饼，一小袋只需要三块钱，味道咸香，口感薄脆，颇受大家欢迎。

当然美味不仅有这些，和善园的包子、麻辣烫旁的小馄饨、老母鸡汤面、一楼楼梯口的凉皮、小鸡排等都很不错。

三牌楼校区的夜市是聚餐、吃夜宵的好地方，出南门右拐，或者出西门左拐即可到达，各种小吃任你选择，而价格也很亲民，无论是烧烤，还是炒饭、烤冷面……只有你想不到，没有你吃不到的！

美丽的校园风光

南京邮电大学仙林校区位于南京市江宁区仙林大学城内，占地面积近4000亩，是南京邮电大学的主校区。该校区建筑风格现代化，环境优美，是学习、生活、研究的理想场所。

仙林校区的校园风光旖旎。校园内有湖泊、花坛、绿化带等美丽的景观，让人心旷神怡。尤其是校园内的樱花林，每年春季开花时，成千上万的樱花竞相绽放，构成了一幅幅美丽的画卷，吸引了众多游客纷纷前来欣赏。

此外，学校每年都会举办文化节、科技节、运动会等活动，让学生在学习之余体验多彩的校园生活。同时，学校还经常邀请知名学者、专家来校进行学术交流，让师生们拓宽眼界，增长知识。

丰厚的文化底蕴

在南京邮电大学校史馆，同学们可以深入了解南京邮电大学沧桑厚重的办学历程和丰盈的文化底蕴。南邮校史馆分为三个部分：校史陈列馆、邮政馆、通信展览馆。

南邮校史馆展示了南邮从诞生到发展再到壮丽的辉煌历程。南邮从成立到现在，数易其名，数迁其址，走过了一段可歌可泣的办学历程。

邮政馆记录了中国邮政事业的发展与变迁，从古代的驿道以及通信组织到中国的第一张邮票（大龙邮票），再到近代出现的邮政局所。在艰苦卓绝的革命岁月，中国共产党的秘密交通工作孕育了红色邮政，为了培养战时通信人才，山东的战时邮务总局干部训练班应运而生，由此拉开了南邮为我党我军培养通信人才的序幕。

南邮通信展览馆展示了我国现代通信技术的发展历程和南邮在通信领域所作出的贡献与努力。一张张图文并茂的展板、展台上一个个陈列的通信设备，仿佛让人置身于那个奋斗的年代。南邮人秉承信达天下、自强不息的精神，艰苦创业，为我国邮电通信事业发展提供了强有力的人才和技术支撑。

报考和招录须知

● 南京邮电大学在新高考改革省份（自治区、直辖市）普通类专业招生实行专业（组）平行志愿，考生所填报的专业（组）志愿须满足该专业（组）选考科目要求，考生报考专业（组）的选考科目要求，以当地招生主管部门公布为准。

● 艺术（美术）类专业的专业成绩，南邮均采用考生所在省（自治区、直辖市）艺术（美术）统（联）考成绩。德、智、体、美、劳全面衡量，择优录取。

● 英语和翻译专业招生语种要求为英语，日语专业招生语种要求为英语或日语，其他专业不限制考生应试的外语语种，但学校的公共外语课程只开设英语课程。

南京

南京航空航天大学

南京航空航天大学创建于1952年,是我国成立最早的高等工程院校之一,素来有"航空之都""航天之乡"的美誉。校训是"智周万物,道济天下",体现了学校对学生品德、技能和使命的高度要求和期许。"崇德尚技,立志报国"是南京航空航天大学的办学理念和文化特色之一。学校注重培养学生的全面素质,尤其重视学生的道德修养和职业技能的培养。

南京航空航天大学（简称南航）坐落于江苏省南京市，是中华人民共和国工业和信息化部直属的一所具有航空航天民航特色、以理工类为主的综合性全国重点大学。

在 70 余年的办学历程中，南航人秉承"航空报国"的办学传统，遵循"团结、俭朴、唯实、创新"的优良校风，践行"智周万物，道济天下"的校训，栉风沐雨，砥砺奋进，不断推动学校跨越式发展。目前，学校已发展成为一所以工为主，理工结合，工、理、经、管、文等多学科协调发展，具有航空航天民航特色的高水平研究型大学。

环境清幽的校园

"凤凰鸣矣，于彼高岗。梧桐生矣，于彼朝阳。"

南京航空航天大学就是这样一所精心为广大学子栽桐纳凉的好去处。南京航空航天大学自建校时起便是我国高校界的一颗璀璨明珠，除了它雄厚的办学实力，学校一直以来还以其暗香明艳的校园环境为外界所熟知。

学校现有明故宫、将军路、天目湖三个校区，另有江北新区还处于在建状态。根据学校最新数据，南航占地面积共计 3046 亩，其中仅建筑面积就有近 200 万平方米。这里环境秀丽，幽雅清净，融汇了古典与现代之美。在校学子手捧书籍，穿梭于林荫大道，微风轻拂过脸颊，头顶传来阵阵鸟鸣，这难道不是小说中经常出现的唯美的情景吗？

砚湖是南京航空航天大学的一处标志性建筑，原名翠湖，是学校在五十周年校庆之际，为营造江南水乡文化特色所建。砚湖底部有一个面积较大的太极图案，象征着阴阳相调，寓意学校的发展如日中天。

毗邻砚湖的是南航著名的院士林和学友林，这是学校为纪念一代代为学校、为国家付诸心力的前辈们而建。时至今日，每逢春暖花开，南航的院士林和学友林抽枝发芽，葱葱一片成一体，喜迎一年中最美的时光。

上过央视的南航食堂

你是否听过火遍全国，上过央视的"一毛钱米饭"？那正是来自南京航空航天大学的食堂。真没想到食堂的叔叔阿姨竟然一度超越了学校的航空特色，成为南航最具吸引力的代言人。

大学最让人留恋的不仅是青春气息弥漫的校园生活，还有美味实惠的餐厅，对于刚进入南航天目湖校区这个大家庭的学子来说，南山苑餐厅为你准备了一份超完整的攻略。

南航食堂给学子们提供了各种各样的美食，如清爽的馄饨，皮薄馅大，一口咬下去，鲜嫩的汁水在口腔里爆开，肉的可口、汤底的鲜香，混合着香菜的香气，让吃饭成为一种享受。另外，浓厚醇香的炸酱面，让人百吃不厌，牛肉的厚实、筋道的面条，配上爽口的胡萝卜和黄瓜丝，让面条不再油腻。

不仅如此，食堂里还准备了西北、重庆等各地的特色风味美食，种类繁多、营养丰富，迎合各地学生的口味。

餐厅的墙壁上各色飞行器陈列其上，航空航天文化完美融入了餐厅中，让同学们在享受美味的同时，也感受航空航天文化带来的视觉震撼。

校园的建筑之美

南京航空航天大学是一所拥有深厚历史底蕴的高等学府，其建筑文化和艺术水平不容小觑。从校门进入校园内部，便可以感受到校园建筑的亲和力和人性化。

首先，南航大校园建筑的设计风格以现代化为主，不仅符合时代特征，也融入了南京本土文化元素。例如校门上的巨型铜鼓、东门木雕。

其次，南航大校园内的艺术氛围非常浓厚。学校图书馆、艺术楼、学术交流中心等，均是有设计感的现代化建筑，内部空间的安排创意十足。

南航大校园建筑、文化、艺术方面的表现是值得肯定的。有了这些特色，南航大在举办各种活动及校园文化建设时就有了更多的选择和优先权。

报考和招录须知

● 南京航空航天大学普通本科层次的招生包括普通高考及高校专项、国家专项、保送生、高水平艺术团、高水平运动队、艺术类、飞行员、内地西藏高中班、内地新疆高中班、少数民族预科班等。

● 报考英语、日语、飞行技术专业的考生，要求外语语种为英语。其他专业无外语语种限制，但考生进校后，除日语专业外均以英语为第一外语。

● 飞行技术专业根据委托单位的培养需求只招收男生；根据专业培养特点和行业实际情况，交通运输（空中交通管制与签派）专业建议男生报考，女生慎重报考；其他专业无性别限制。

南京

河海大学

1982年，中国科学院院士、中国工程院院士、河海大学名誉校长严恺教授提出河海大学精神文化校训：艰苦朴素、实事求是、严格要求、勇于探索。严恺院士曾多次陈述校训含义："水利是艰苦的事业，所以作为一名科技工作者，在生活上一定要艰苦朴素。"

拥有百余年办学历史的河海大学位于南京市鼓楼区，是以水利为特色，工科为主，多学科协调发展的教育部直属全国重点大学，是实施国家"211工程"重点建设、国家优势学科创新平台建设、"双一流"建设以及教育部批准设立研究生院的高校。

学校拥有本科专业71个，共有42个学位授权点，覆盖了哲学、经济学、法学、教育学、文学、理学、工学、农学、管理学9个学科门类。

解锁校园美景图

无论是去哪所大学读书，美丽的校园环境肯定会被绝大多数学子喜欢。

坐落于美丽龙城的河海大学常州校区，绿化面积大，环境优美。正因如此，四时之景随季节变化所呈现不同的美丽景象，苍绿色的建筑也为整座校园带来了无限生机。

厚德楼是平日上课的主要地点，从清晨到夜晚，这里都是学子们的主要活动场所，通常也称为一教和二教。这两栋楼里的教室大多用于课堂教学。教室内部功能齐全，楼道结构精巧而复杂，是一座现代化教学楼。

卓越楼和英才楼都是实验楼，其中机房在卓越楼。卓越楼是任课教师办公室的集中地，各大实验室也大多分布其间，是同学们课后与老师答疑解惑交流的地方，也是学校主要的科研场所。

英才楼是学院科协的活动中心，更是各类科研和实验的聚集地。

图书馆共有六层，馆内窗明几净，书香萦绕不绝。图书馆馆藏丰富，从专业书籍到生活百科无所不包，古今中外小说等应有尽有，作为重要的学习场所，它将陪伴河海大学的学子们度过美好的时光。爱读书的学子们一定不要错过。

另外，文体馆是同学们举办各种文体活动的地方：一楼有舞蹈房、健身房、乒乓球馆和多功能厅，是学子们上室内体育课的地方；二楼主要为室内体育场，可以进行各项体育运动，有时也会在这里举办激动人心的篮球赛和各种晚会。

除了文体馆，学校的礼堂也是学子们参加活动的重要场所。礼堂也叫大学生活动中心，一般在这里举办各种大型晚会。每年的科技节开幕式、青春骊歌等活动都会在这里举行。届时礼堂内人潮涌动，座无虚席，场面特别壮观！

食堂美食众多

河海大学中的河苑餐厅和海苑餐厅是学子们两个主要的就餐场所。河苑餐厅一楼有零食水果专卖小铺，这里的窗口多以传统中餐为主，有盖浇饭和面条，价格公道。

河苑二楼饭菜种类繁多,有炒面、瓦罐煨汤、黄焖鸡、麻辣香锅等美食佳肴,比较适合学子们平时聚餐。

海苑餐厅二楼有小吃饮料柜台,晚上也有夜宵供应。特别推荐一楼的早点,有现磨豆浆、燕麦粥、西米露、掉渣饼等美食,价格适中,性价比非常高。

深厚的文化底蕴

河海大学是一所历史悠久、文化底蕴深厚的学府,其校园之美既得益于优秀的建筑设计,也得益于丰富的文化底蕴和艺术氛围。

首先,河海大学的建筑设计充分展现了现代派建筑的风格和特点。从那些流线型建筑、立面流畅的宿舍楼到现代化的图书馆、实验楼等教学场所,每一栋建筑都充满着动感和活力。此外,河海大学还拥有优美的园林景观,使整个校园充满了浓郁的文化气息。

其次,河海大学拥有丰富的文化底蕴和艺术氛围。作为江南文化的代表之一,河海大学传承了江南文化的精髓,不仅具有文化的独特气息,更具有几百年来沉淀下来的独特校园文化。同时,河海大学还注重学生的艺术修养和艺术欣赏能力的培养,为学生开设了多个艺术类选修课程。校园的各种文艺活动也备受关注,包括大型文艺晚会、艺术展览等,增强了学生艺术细胞的觉醒。

总之,河海大学的校园之美得益于建筑设计的特色,也展示了江南文化和校园文化的传承。

报考和招录须知

● 参加普通高等学校招生全国统一考试(含普通类、艺术类、中外合作办学、国家专项计划、高校专项计划、高水平艺术团、高水平运动队、新疆协作计划、南疆计划、新疆高中班、西藏高中班等)、保送生、体育单招、台湾地区学测和港澳台侨联招等类型的学生。

● 学校专业排序分采用各省(区、市)招生主管部门提供的考生投档分,各专业志愿之间不设级差。所有已投档考生按投档成绩分科类排队,从高分到低分按照各专业招生计划数顺序录取。

南京

中国药科大学

"精业济群"原为国立药学专科学校的校训,中国药科大学曾改校训为"严谨、求实、团结、创新",后来于2006年70周年校庆之际,为树立学校品牌形象,恢复建校初期的原校训。"精业"是提倡刻苦钻研,精攻药业,见贤思齐,精益求精,把自己打造成行家里手;"济群"则是提倡惠济众生,以服务国家和人民为己任,将个人的知识和能力奉献于社会,造福于民众。

中国药科大学（简称药大）坐落于古都南京，是中华人民共和国教育部直属的多科性"211工程"重点大学，是国家"世界一流学科建设高校"，更是我国历史上第一所由国家创办的药学高等学府，素来享有"药界清华"的美誉。

学校现辖玄武门、江宁2个校区，占地2100余亩。设有16个院部，拥有医学、理学、工学等7个学科门类，现有31个本科专业（类）。

药大"美食"不一般

在药大校园里，熟悉的建筑摇身一变，变成各种令人垂涎欲滴的小吃。

生日蛋糕——校门灯柱。错落有致的七座灯柱，与下面刻有"中国药科大学"字样的石碑，像极一块香甜可口的大蛋糕。蛋糕之上，七根燃烧着的蜡烛，标记着药大从1936年到2006年建校七十载的历史坐标。

黑芝麻糕——图书馆。拥有丰富馆藏的图书馆，如同一块醇香的黑芝麻糕，滋养我们的头脑，涵养我们的学识。在馆中安静地阅览，汲取着新学到的每一个知识，犹如品尝芝麻香糕，入口软糯，飘香四溢，令人回味无穷。

奶酪——药学博物馆。状似三角，如奶酪般精致小巧。方寸之间，一览千年，凝萃其间的皆是药学的奇珍，中华的瑰宝。

冰粉——镜湖。晶莹剔透，口感细滑，再撒上酸甜的水果、香酥的果仁，百味汇聚，万景相融，舀一勺冰粉，品味药大的香甜。

华夫饼——教学楼。走进教学楼，一间间教室恰似组成华夫饼的一个个方格，每一格都是独具特色的味道，为我们补充源源不断的能量。

大波浪薯片——操场顶棚。操场看台上波浪起伏的顶棚，恰似一片脆香可口的大薯片。每天坚持来操场锻炼身体，才能活力满满地应对新的挑战。

草莓冰激凌——樱花苑。满枝头的樱花缤纷，亦是满枝头的可口甜蜜。风吹过，香悠扬，吸引着药大学子"品尝"草莓冰激凌的清爽。

漫步药大，目之所及，皆是能量的在线充值。药大美味万千，真诚邀你前来品尝。

春天美得"肆无忌惮"

每逢阳春三月，一走进正门便是两条长达400米的樱花大道，位于实验楼后方的樱花苑的樱花盛开得很壮观。鲜为人知的是，这些樱树是该校一位校友所赠，是反哺学校，连接学校和校友情谊的见证，也是"药大"师弟、师妹眼中的励志榜样。

满树的樱花如云似霞，晶莹剔透。微风吹来，粉白的花瓣随风飘落，似雪花般漫天飞舞，如诗如画，美不胜收。

据了解，中国药科大学首届樱花节由该校基建后勤处和团委主办，药学院承办。樱花节将樱花与中华古典文化巧妙融合，共设计了三大板块，分别为"汉服秀"、"樱"乐荟、共品樱花饼等，时间将持续一周。

匠心独具的实验楼

药大江宁校区学院实验楼位于学校的西北侧，东临明湖，北依药用植物园西区。该建筑面积 36991 平方米，地上五层，地下一层，建筑外墙由陶板与玻璃幕墙组成，陶板代表传统，玻璃幕墙代表科技，整体则象征着传统与科技的结合，建成后将为药学院、生科院提供宽敞、明亮、开放的科研场所。

该楼的设计基于创新思想，临湖外围是科研者办公室，内部为实验空间，形状规则。该楼把公共空间与实验设施与内部个人联系起来，力求教师、学生、来宾在进入大楼的那一刻，就能感受到一种全新的体验。

走进楼内，让人惊喜万分，内部的色彩斑斓与外部较单一的灰色形成鲜明对比。楼层的主体颜色仍是灰白，但每层的颜色令人眼前一亮，它们分别象征着科学严谨的实验规则以及丰富新颖的创作灵感。

中庭楼梯外观的原木雕塑螺旋向上，为中庭增添了一缕暖色，也象征着期望科研成果逐层而上。

走进实验区，又是另一番风景。只见宽敞的物流通道两侧规则地摆放着整齐划一的实验台柜及通风柜，白色墙面及灰色PVC地板将反射光线的作用发挥到最大，使实验室看起来更宽敞明亮。

报考和招录须知

●实施高考综合改革省份，考生在填报高考专业志愿时，选考科目必须符合学校相关招生专业（类）的选考科目要求，学生综合素质档案材料的使用办法作如下说明：在特殊类型招生中，综合素质档案材料作为报名资格审核的参考；在普通高考录取中，综合素质档案材料作为安排考生调剂专业志愿的参考。

●录取时，往届生和应届生一视同仁；学校所有招生专业无男女生比例限制。

●保送生、高水平艺术团、高水平运动队、少数民族预科班、内地新疆高中班、内地西藏班、高校专项计划、国家专项计划考生的录取工作按照教育部、各省（区、市）及学校文件规定的政策执行。

南京

南京农业大学

南京农业大学于2009年通过了新的校训的定稿方案。新的校训为:"诚、朴、勤、仁",原校训"团结、勤奋、求实、创新"改作校风。校训"诚、朴、勤、仁"的要义:诚信做人,诚实做事;求真求善、质朴敦厚;勤敏担当、持之以恒;心系苍生、仁爱天下。

南京农业大学（简称南农）坐落于江苏南京，是一所以农业为主，以多学科协调发展的综合性大学，是国家"211工程"重点建设高校。该校是一所集教学、科研、实践、社会服务于一体的高等学府。

截至2015年3月，学校拥有作物学、农业资源利用、植物保护和兽医学4个一级学科国家重点学科，蔬菜学、农业经济管理和土地资源管理3个二级学科国家重点学科，以及食品科学国家重点培育学科，有8个学科进入江苏高校优势学科建设工程。

点亮美丽南农

南大门是南农的主校门之一，也是展示学校良好形象的重要窗口。在迎新、校庆等重要时期，结合花草特性设计布置不同主题的花艺作品，与大气恢宏的逸夫楼、庄严的"诚朴勤仁"校训石交相辉映。暑假期间，后勤保障部对逸夫楼西侧护坡进行整形改造、草皮栽植。经过一番精心养护，从前不起眼的护坡变成校园的一处新景观，被同学们亲切地称为"诚朴坡"。

在学校钟山路、中央路、金陵路、体育路等主干道两侧林荫带，选用细叶麦冬、石蒜等耐阴花卉为主，点缀种植花叶玉簪、紫叶酢浆草、紫萼等花丛，打造校园特色林荫花带。

以绿化扮美校园建筑，在主楼、综合科等教学楼宇周边，结合草坪和落叶树下空间，种植西府海棠、杜鹃花丛、细叶麦冬等花草，在细微处见风景，在细节中显品质。

学校的后勤保障部通过一系列校园景观提升、食堂改造、电力保障等项目，致力于打造更绿色人文的校园环境，在提升校园景观品质的同时，也完善校园各区域功能，不断丰富师生校园文化生活。

靠烧鸡火出圈

说起南农最具代表性、最令校友念念不忘的自研美食，要数黄明教授团队研制的烧鸡了。

开袋就能闻到卤香味，肉质软嫩脱骨，即使是鸡胸肉也不发柴无味，最大的特点是配料表干净健康，没有为了延长保质期而使用任何防腐剂。

南农的烧鸡能在院校科研美食比拼中迅速出圈，是两代南农人不懈努力的创新成果。

30多年来，这只沿袭了两代南农人不懈努力、有点儿东西的烧鸡，一直从童卫路卖到了南京的市井巷弄，到如今实现了标准化的安全生产，喂饱了一代又一代的南农学子，成了青春里绕不开的美食记忆。

同是南农自主研制的神仙单品，黄教

授的鸭血粉丝汤在还原南京老味道的同时，用休眠保障技术进行保鲜，无任何防腐剂却能保证鸭杂鲜嫩、粉丝顺滑、汤底浓郁。

好吃的还有一食堂的皇家肉包，二食堂的点心和麻辣烫，三食堂的炒酸奶、铁板饭，以及那些年听起来有些奇怪却意外"真香"的黄瓜草莓炒肉、橙子炒肉……

四大硬核理由

你对大学有着怎样的想象？你心目中的大学生活应该是什么样？现在奉上选择南农的四大硬核理由：学在南农、爱在南农、美在南农、吃在南农。

学在南农，校内长才干、校外壮筋骨，四年孕育一棵"NJAU 组培苗"的茁壮。

爱在南农，马卡龙色的青春，搭配公益、科技、实践与热爱，在这里邂逅你的专属精彩。

美在南农，春雨初霁，静听主楼檐牙滴水，夏至未至时，穿过桃李廊前听书声琅琅。

吃在南农，代言南农烧鸡、打卡文创雪糕、"尝鲜"科研成果，坐享这座让人艳羡的"别人家的学校"。

此外，学校内建筑风格偏中式古风，非常有文化氛围。学风也非常好，期末考试前一个月，图书馆座无虚席。

学校定期组织大学生举办课外科技竞赛、校园文化艺术节、创新创业比赛、志愿服务比赛、社会实践等各种活动，为学生搭建提升综合素质、展现风采的广阔舞台。

报考和招录须知

●南京农业大学对于享受国家及所在省（自治区、直辖市）招生委员会政策规定全国性加分的考生，按考生加分后的成绩调档及参与专业排序，但最高加分不得超过 20 分。所有高考加分项目及分值不适用于 2023 年高水平运动队和高水平艺术团等不安排分省计划招生项目的录取。

●获得南京农业大学保送生、高水平艺术团以及高水平运动队拟录取资格的考生，按照教育部、各省（自治区、直辖市）和学校有关规定录取。

●数民族预科班、新疆协作计划、内地新疆高中班、内地西藏高中班、国家专项计划以及高校专项计划，按照教育部、各省（自治区、直辖市）和学校有关规定录取。南京农业大学新疆协作计划、内地新疆高中班以及内地西藏高中班均按专业招生，学生入校后不参与专业分流。

本书内容涉及的图片来源于"壹图""全景视觉"。如有未能及时联系上作者的，请作者看到后通过以下联系方式，沟通稿费事宜。张先生 16728046@QQ.COM